浙江有意思

"浙江有意思"系列

总策划 王 寒

闵人杰 著

湖州有意思

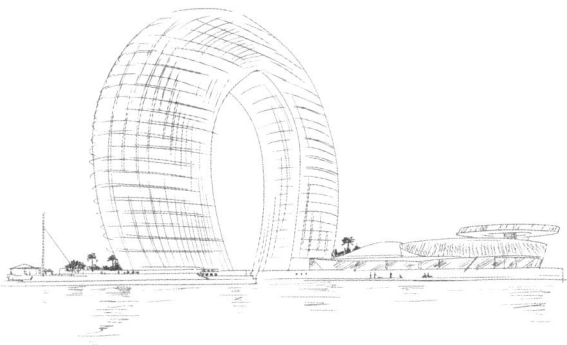

浙江工商大学出版社·杭州

作　者　简　介

闵人杰

　　笔名杨威利。资深媒体人。做过宣传工作、统战工作、应急管理工作,在各种岗位间反复横跳,找寻最适合自己的角落。当命运需要我逆风飞翔的时候,我就不会随风而去。曾获 2017 年度湖州市"最美公务员"称号。作品散见于《浙江日报》、凤凰网等。

湖州市作家协会会员

代表作有:

《静听松风寒》

1

上有天堂,下有苏杭;天堂中央,湖州风光。湖州是环太湖地区唯一因太湖而得名的城市。湖州处在浙江、江苏、安徽、上海三省一市交界处,是长三角的地理中心。湖州是一座具有 2300 多年历史的江南古城。在古代,湖州是块风水宝地,是江南有名的粮仓和风雅之地,家底自然也比一般地方来得深厚。

2

江浙地区自古是中国的富庶之地。湖州虽然如今在浙江几个兄弟市里名气不大,但在古代却是声名赫赫。浙江省文物考古研究所研究员田正标说,根据他们的研究,湖州安吉古城村应该是秦汉时期的鄣郡郡治,故鄣县的县治也在这儿。只不过湖州人大都比较低调,不喜欢攀比,所以很多人不知道。

3

湖州,是浙江最北的地级市,它东邻嘉兴,南接杭州,西依天目山,北濒太湖,与无锡、苏州隔湖相望。它和浙江最南的地级市温州有着迥然不同的气质。如果说温州的气质是疾风骤雨的八月天,那湖州的气质便是抚琴听风的三月天。

4

相比绍兴人的硬、宁波人的精、温州人的拼来说,湖州人真是雅到了极致。买套《四库全书》放进书柜那是附庸风雅,清末私人藏书四大家,湖州占据其中一席,这才令人瞩目。湖州人汪曰桢以雅为题,撰《湖雅》九卷。粉妆玉砌的人,汗牛充栋的书,甚至连楼盘都起名叫"风雅蘋洲""蜀山雅苑""名雅苑",可见湖州人有多尚雅。

晚饭过后,湖州城里几乎听不到麻将声,也很少有人去 KTV,莲花庄、项王公园里反而聚集了不少游览、休闲的市民,图书馆、书屋里更是座无虚席。

5

湖州是新石器时代马家浜文化和良渚文化的重要发祥地之一。境内有新石器时代的邱城遗址、钱山漾遗址、毗山遗址、西山遗址、庙前田遗址、沙塘田遗址、章家埭遗址、和尚湾遗址、山西坞遗址等,可见人类早早就在这片土地上繁衍生息了。

6

新石器时代,湖州先民在毗山和钱山漾一带傍水聚居,形成多处大型聚落。湖州早在 5300 年前便已进入农耕文明社会。这使得湖州人说话也很有底气,毕竟是源远流长的大"家族",是有源可考的。

7

湖州钱山漾遗址中发现了陶质的鼎、罐、壶、盆、钵等器皿以及纺轮、网坠等纺织工具残件;出土的残绢片和丝、麻织品是我国迄今为止发现的年代最早的丝、麻织品,这证明了湖州是世界丝绸文化的发祥地。钱山漾遗址被认定为"世界丝绸之源",搭上了"一带一路"的快车。

湖州钱山漾遗址

8

　　湖州城的建造者也不是普通人。从《湖州文献史征》得知,楚考烈王十五年(前248),春申君黄歇徙封于此,在吴兴筑城,始置菰城县,遗址在湖州菰城村。我们的城市老底子是战国四公子之一的春申君黄歇所建,招牌真是响得不行。如今,在湖州市政府前面的市民广场上,还矗立着一尊黄歇像。

9

　　湖州人虽然厉害,但是他们低调。上海陆家嘴好多办公楼其实都是湖州人买下来的。为什么湖州人可以喊着"百儃(tǎn)"(意为万事都慢点,安安耽耽就好)悠闲地"慢生活"？经验和眼光,有时候比拼命更重要。

10

　　鱼巷口自古就是湖州的闹市区。过去渔船常常停泊在此,久而久之,形成了一个鱼市场,因此得名。喝完早茶的人们悠悠地在鱼巷口闲逛,当然也可以自己到渔船上,在船舱里随意挑拣。至于临河人家就方便得多了,只需从楼上吊下一只竹篮,喊一声"白鱼一条"就行了。

11

"苏湖熟,天下足",谚语中的"湖"就是指我们湖州。至今,湖州仍是浙江省内最重要的粮食产地。如果你到湖州来,可以看到大片大片的农田和农田中绿意盎然的水稻。

12

温庭筠的《望江南》里说"肠断白𬞟洲",白𬞟洲让人流了多少伤心泪!学者普遍认为词中的"白𬞟洲"指生满𬞟草的水边小洲,并不实际指向某个地点。俞平伯先生在《唐宋词选释》中,就温庭筠的"肠断白𬞟洲"一句指出:"这里若指地名(白𬞟洲),过于落实,似泛说为好。"

但白𬞟洲首先是一个真实的地名,然后才逐渐成为古典诗歌中那一处烟雨蒙蒙、让人魂牵梦萦的白𬞟洲。唐代大诗人白居易在开成四年(839)十月十五日应当时的湖州刺史杨弘农(杨汉公)之约,作《白𬞟洲五亭记》,开篇就点明了白𬞟洲的位置所在:"湖州城东南二百步,抵霅溪,溪连汀洲,洲一名白𬞟。梁吴兴守柳恽于此赋诗云'汀洲采白𬞟',因以为名也。"将白𬞟洲这个地方和湖州真正联系起来的,是曾两任吴兴太守的南朝梁著名诗人柳恽,他在这个叫作白𬞟洲的地方写下了传诵千古的《江南曲》——

汀洲采白蘋,日落江南春。洞庭有归客,潇湘逢故人。
故人何不返,春花复应晚。不道新知乐,只言行路远。

瞬间湖州这座城市就诗意盎然起来了。

13

近年,湖州最有名的对外形象就是"'绿水青山就是金山银山'理念发源地"。2005 年 8 月 15 日,时任浙江省委书记的习近平同志到湖州市安吉县余村考察调研,首次提出了"绿水青山就是金山银山"的重要论述。央视热播的电视剧《青恋》就是以安吉余村为背景的。这 10 多年来,湖州市不忘习总书记的殷切嘱托,坚持以"绿水青山就是金山银山"理念为引领,着力建设生态文明,加大力度保护辖区内的绿水青山。如今到湖州来走走看看,你会发现天更蓝、山更青、水更绿了。

14

湖州区位条件好,是国家生态文明建设示范市,也是中国美丽乡村发源地。绿水青山是湖州的特色,也是底色。

15

古时湖州人要去杭州,起码得花一天,毕竟是进省城嘛。进入 20 世纪八九十年代,有了客车,但去杭州也要 1 个多小时。再后来有了高铁,湖州到杭州只需 20 分钟。待沪苏湖高铁建成后,湖州到上海也只要 40 分钟左右。我们湖州人的生活半径慢慢变大了,早上在家里吃个早饭,中午在西湖边散个步,晚上去上海逛外滩已不再是奢望。

16

目前从湖州去上海,首选还是高速公路。如果从湖州坐高铁去上海,则要从杭州绕道,而且每天只有 5 趟高铁。如此绕行就出现了"高铁不如高速快"的尴尬——从湖州绕行杭州去上海,需坐约 2 个小时的高铁,费钱费时。

沪苏湖铁路起自上海虹桥站,途经江苏省苏州市,终于湖州站。正线长 163.54 千米,设计速度目标值达 350 千米/小时,设站 6 座,其中新建 4 座,预留湖州东站及往杭州方向设置联络线的条件。从规划看,沪苏湖高铁建成后,湖州到上海只需约 40 分钟,湖州真正的"上海后花园"时代就要到来了。

17

你问一个湖州人,老湖州是什么样子的,每个人都能说出他记忆中的版本。"州以湖名听已凉,况兼城郭雨中望。人家门户多临水,儿女生涯总是桑。打桨正逢红叶好,寻春自笑白头狂。明霞碧浪从容问:五十年来得未尝?"袁枚的这首《雨过湖州》,向世人展示了这座古老悠久的历史名城的风姿。

18

鱼身上哪个部位最好吃？各人有各人的看法,回答也各不相同。有人说鱼头好吃,千岛湖有机鱼头是一绝;有人说鱼尾好吃,鱼尾经常活动,口感非常棒;还有人说鱼唇好吃,相传慈禧太后就喜欢吃鱼唇。

到底鱼的哪个部位最好吃？湖州本地流传着这样一个民间故事。

有一天皇帝召见当年的 4 位新科进士,问鱼儿哪个部位最好吃。4 个人各有喜好,争执不下。这时皇帝想起湖州人擅长吃鱼,连忙传了一名湖州籍的官员来问。这个湖州籍官员不慌不忙地说:春季气温回暖,鱼头最肥美;夏天天热,鱼运动得多,鱼尾爽滑可口;秋天的鱼,肉肥背脊嫩;冬天的鱼大都沉底,鱼肚更肥美些。一年四季吃的部位不同,4 位老兄不要争了。

湖州人对吃鱼如此讲究,在别的地方恐怕是少有的。

19

湖州有许多有趣的地名,几乎个个都有来历。梳妆台小区是湖州的老小区之一,这里有个口口相传的故事。相传这里曾是南朝陈武帝皇后章要儿的闺房所在,未成婚时,她每天都在这里临窗梳妆。在古代,皇后可谓"星光闪耀",皇后梳妆地,谁不想来沾沾福气呢？尤其是那些未婚女子,更是纷至沓来。今人怕大家找不到地方,赶紧用上这个名字。现在,许多湖州人经过梳妆台小区,都会不自觉地将一将头发。

凤冠霞帔，美人梳妆

20

　　熟悉历史的人都知道，清初第一宗文字狱——庄氏明史案就发生在南浔。

　　康熙二年（1663），湖州富商庄廷龙请人增编《明书》。他脑袋有点不开窍，如实地写了明末天启、崇祯两朝的一段历史，被认为有意反清，因此招来大祸：庄氏全族和为此书写序、校对的人，以及买书、卖书、刻字、印刷的人等，一共70余人被杀，还有几百人被充军边疆。

　　湖州这地方，文风鼎盛，富人也有文化情结，要是他有了钱只管吃喝潇洒，而不是去印书，就不会把命给玩丢了。

21

湖州人很爱干净。湖州的大街小巷都很干净,南浔的爱国卫生运动尤其出名。在 20 世纪 50 年代,南浔消灭了苍蝇蚊子,成为新中国第一个"无蝇镇",毛主席亲自批示《人民日报》要好好宣传,于是南浔的壮举全国皆知。

22

湖州人很恋家,按照他们的话来说,"金窝银窝,不如自己的草窝"。

23

湖州人注重生活品质,在吃上不亏待自己,丁莲芳、周生记各色小吃应有尽有;在穿上也不亏待自己,真丝睡衣穿着,丝绸围巾戴着,别的倒可以适当放宽要求。

24

湖州人的幸福感是很强的,2015 年,《投资时报》发布"中国最难赚钱城市排行榜",湖州排第六位,但是湖州人的生活满意度却遥遥领先,可见湖州人知足常乐。

25

在第一届伦敦世博会上，湖州辑里丝一战成名，获得金奖。可见湖丝在国际上的影响力，可能要追溯到你爷爷的爷爷辈了。不仅如此，富裕起来的湖州人还不忘把家乡介绍给世界。轰动世界的首届西湖博览会，就是在湖州名人张静江主持下召开的。

26

湖州的梅雨季长，防汛任务重，历年来，溇港水利工程为湖州减轻了不少防汛压力。怪不得中国水利泰斗郑肇经把溇港与都江堰这样名声在外的大水利工程相提并论。

27

俗话说"江南古镇九十九，不如南浔走一走"，南浔之所以这么有名，有很大一部分原因就是小镇中至今保存着各类古桥、古建筑。刘氏梯号融合了西欧罗马式风格，张石铭故居融合了法国文艺复兴时期的建筑风格，都别有特色。时至今日，还有不少国外的建筑学家不远万里来到中国，探寻"真经"。

南浔古镇中西合璧的建筑

28

　　收藏古玩的人，往往有一两件拿得出手的好物件。湖州不乏收藏古玩之人，但湖州人更拿得出手的是湖州的古城关、古巷、古宅。文物保护的观念和意识深入湖州人的骨髓。

29

　　位于湖州长兴的新四军苏浙军区旧址，在浙江省内鼎鼎有名。走到这里，你仿佛能回到那一段血与火的岁月。除延安以外，全国保存单体建筑最多、面积最大的革命旧址群就在这里。

30

湖州号称太湖南岸的明珠。守着"大水缸",湖州人却不喝太湖水,因为他们喝的水更好。湖州人喝的是几乎没有被污染过的、来自西南山区的水库水。这水清凉爽口,是待客的招牌之一,怪不得上海人每到周末都要拖家带口地来度假。

31

湖州目前建成区绿化覆盖率和绿地率分别达到了 48.26％ 和 44.17％,各项园林城市指标数据在长三角城市里排第一。更厉害的是湖州人的观念,爱绿护绿已经融入了中小学和幼儿园的日常教育。

32

湖州的两个山系——西塞山山系和弁山山系是天目山东方的起点,是湖州名副其实的靠山。弁山山系环绕太湖十数里,可谓湖州的北靠山。背靠着大山,湖州的风水一直很好。听老一辈湖州人说,湖州是个福地,一直无灾无难,地震、台风都与湖州无缘,哪怕台风偶尔光顾,也是打个擦边球就走了,安稳得不得了。

33

湖州,究竟是什么神仙城市?"东南文章大家"、宋末元初文学家戴表元为湖州赋诗:"山从天目成群出,水傍太湖分港流。行遍江南清丽地,人生只合住湖州。"嘉庆年间诗人张镇写下《浔溪渔唱》赞美湖州南浔:"百间楼上倚婵娟,百间楼下水清涟。每到斜阳村色晚,板桥东泊卖花船。"

千百年来,湖州的宜居、清雅被无数文人雅士赞颂过。

34

普陀山有一座南海观音立像,高 30 多米,甚是壮观。但很多人不知道,相传那边的菩萨可是从湖州过去的。

民间认为,湖州的白雀法华寺是观音菩萨的出家处,普陀山则是观音菩萨的得道处。虽然如今普陀的香火更旺于观音文化发源地湖州,但湖州人到普陀去,总要说上一句,观音菩萨是我们这的。

35

看过《射雕英雄传》的人,想必都对全真七子记忆深刻。在金庸的武侠小说中,丘处机被描述为一位武艺高强的道士,这也使他为大众所熟知。历史上,丘处机被奉为全真教"北七真"之一,以及龙门派的祖师。而坐落在湖州城南金盖山桐凤(云巢)坞的古梅花观,是全真教龙门派在江南的活动中心,也是江南地区最大的道教子孙丛林。太平观和古梅山庄都是湖州重要的道教馆所,每年重阳节全国各地来的香客多得不得了。

36

　　湖州真的是"技多不压身"。

　　湖州自古被誉为丝绸之府、鱼米之乡。2015 年,湖州钱山漾遗址
又被正式命名为"世界丝绸之源"。茶圣陆羽在湖州写下《茶经》,把茶
文化发源地之一的桂冠戴在了湖州头上。虽然现代经济社会的发展
让湖州的农耕文化和丝绸文化有点使不上劲,但是良好的慢生活文化
环境得以保留。

37

　　湖州在历史上是富裕之地,但是它的财富大都来自传统行业,比如
丝绸。随着经济增长方式的转变,湖州企业竞争力下降,被温州和金华的
企业超越。现在,更多的湖州人瞄准了文化和生态养老这些朝阳产业。

38

　　很多从外地来湖州的人,路过城北潘公桥堍的米行街时都会问,这
里曾经有很多米行吗? 的确如此,这里毗邻河道,水运便利,当年整条街
上都是卖米的,规模很大,不管是面向附近居民的零售还是面向周边县区
的批发,都可以在这里交易。"鱼米之乡"的美誉很大程度上也是因为米
行街的发达。随着时间的推移,曾经的湖州粮仓早已经变成高楼住宅,唯
一留下的,就是这米行街的名称和米行街社区了。每每有人问起,附近的

老人都要说一句,这里曾经是卖粮食的重要场所,虽然现在粮食都不在这里卖了,但是仅从这个名字你就能看出,当年这里有多热闹!

39

马军巷是湖州最古老的巷子之一。这条仅三四米宽的古巷,却有1000多米长,四通八达。老底子说,这里是马军营的故址,因而得名。

近几十年,湖州发生了翻天覆地的变化,马军巷小区也进行了拆迁。新建的马军巷小区可是获得过国家最高建筑奖鲁班奖的。可谓是旧瓶装新酒的典范了。

40

要看一个城市的文化底蕴,最直观的是看建筑。湖州市中心许多社区的建筑外面都有漂亮的墙绘。这些墙绘多以"特色社区、文化传承"为主题,集中展示了各街道、各社区的历史沿革、文化名人、文物古迹等,不仅是前来旅游的外地人,就连湖州土著茶余饭后都会停下脚步来看看。

湖州市区朝阳街道的红丰社区是一个老年人居多的老小区,这里的墙绘就是以"弘扬孝文化,宣传孝敬老人、常回家看看"为主题的,不仅住在这里的老年人看了非常喜欢,就连他们的子女看到这些墙绘,回家的次数都变多了呢。

41

说起湖州的名人,有些是大家熟识的,有些却有点陌生。但是报上名来后，往往大吃一惊说："啊，原来他是湖州人。"写《游子吟》的孟郊、南朝陈开国皇帝陈霸先、被蔡元培称为"民国第一豪侠"的陈其美，还有海空卫士王伟。当年王伟牺牲，全国震动。他牺牲前留下的那段临终呼叫"81192收到，我已无法返航，你们继续前进，重复，你们继续前进！"，一直激励着大家奋发图强。

42

相传大禹治水成功后，在绍兴茅山开庆功会。大会开了3天，却不见防风氏来。大会结束时，防风氏才姗姗来迟。大禹问他为何晚到，防风氏说碰到天目山"出蛟"，苕溪泛洪，所以才迟到。也许是酒喝多了，大禹可不管这一套，他说别人都能早到，偏偏你这么多借口，一刀就把防风氏给砍了。但是隔天，大禹还是派人去打听了下，发现确实是因为发大水，防风氏指挥部下打捞落水百姓，才耽误了会期。

想到这个老兄不仅没有说谎，还帮自己治水立下了汗马功劳，大禹不禁责怪起自己来。但是人死不能复生啊，大禹只能下令敕封防风氏为防风王，并建造防风祠供奉防风王神像。防风祠就在现在的湖州德清县。

43

湖州人文雅，但绝不孱弱。项羽就是在湖州起兵反抗暴秦的，死心塌地跟着他的八千江东子弟中的相当一部分是湖州人。西楚霸王项羽在起兵反秦前，慧眼相中湖州，一手草创项王城，地址就在太湖南岸、东西苕溪汇合处的江渚北面的水中高地,即现在的项王公园处。汉代时,乌程县治由下菰城迁到项王城,之后,这一带便成了湖州的政治、经济和文化中心。

44

楚霸王项羽跟湖州颇有渊源。项羽少年得志,在秦始皇统治时期,项羽和他的门客子弟们就蛰居在湖州。在这里屯兵,第二年从这里发兵,八千江东子弟大多来自这里,西楚霸王的一世英名也从这里传播开来。当年项羽屯兵的项王城,至今被湖州人视作风水宝地,承载着一种精神。

项王列阵

45

人们传统印象中的英雄，大都是英明神武的形象，例如七进七出长坂坡的赵子龙，过五关斩六将的关云长，当然也少不了力能扛鼎的楚霸王。项羽是中国"勇战派"的代表，几千年来，他的故事一直为人所传颂。后人认为，他如果能少一些刚愎自用，多一些世故圆滑，历史可能就要改写。

46

俗话说宝马配英雄，在古代，拥有一匹宝马不亚于现在驾驶一辆兰博基尼或者布加迪，总能吸引人们的目光。每每说起从湖州走出去的英雄项羽，人们都不免对他的爱驹乌骓赞赏有加，毕竟西楚霸王和他的绝世好马在垓下谱写了英雄末路的悲歌，跳江殉主的故事让大家对乌骓马怀有别样的感情。

据说，项羽刚刚见到乌骓时，它野性未除，难以驯服。争强好胜的霸王就想和它较量一番。项羽飞身上马，扬鞭疾驰，一林穿一林，一山过一山。乌骓虽然越跑越快，但是不仅没把项羽摔下去，自己反倒汗流浃背。项羽忽然用手紧抱住路边碗口粗的树干，想要让乌骓动弹不得。谁知乌骓奋力挣扎，用雪白的蹄子刨地猛蹬。这马天生神力，竟将碗口粗的树连根拔起。只可惜，哪怕这样也摆脱不了勇武的骑士，最终还是被霸王降服了。之后，在战场上，霸王与乌骓联手，创造了无数战争神话。西楚霸王和千古神驹就这样互相成就了一段佳话。

47

说起樊哙，大家一定还记得中学课本上的"鸿门宴"。樊哙是刘邦麾下最勇猛的战将之一。为救汉高祖刘邦，他拔剑切生肉而食，震慑了项羽一方。

樊哙与湖州也很有渊源。湖州有一个凡常湖，位于西塞山麓，西塞山水流入此湖，通过七里玄通江汇入西苕溪，因雨季经常发生山洪，所以此湖又名泛雪湖（雪，形容水流激越的声音）。后来为纪念西汉名将樊哙在西塞山抗洪的事迹，改名樊漾湖。腊山南麓还有一个樊哙将军庙，香火不断。

看来这位以在鸿门宴上吃生肉闻名的大将在湖州人心中的分量不轻，可见勇猛忠义之人在任何朝代都是受人敬仰的。

48

传说秦始皇东巡天下时路过湖州，看到了凤凰山（就是现在的仁皇山）。秦始皇一看这山不得了，有天子气，赶紧派人凿断了山脊。毕竟在那个时候，天子气这种虚无缥缈的东西，在皇帝看来却是特别重要的。但是凿断了仁皇山，好像并没有增强始皇帝的气运，反而让他迅速"翻了车"。

49

德清人沈友是沈氏家族成员，年少的时候博学多才，又喜欢研究兵法，擅长辩论，人称"笔舌刀"三绝。孙权招揽他，但因为他桀骜不驯，不少同僚对他很是反感。他们一合计，最终联合诬陷沈友谋反。孙权也怕他日后不服管理，在一次宴会时，问他是否有谋反之心。沈友自知死期将至就不反驳了，被杀的时候只有 29 岁。

50

晋代的名士谢安，其家族三代，有四人先后任吴兴（湖州）太守。历史上，湖州的太守中，一门四太守，实属罕见。

51

沈约年少时，家里很贫困，但是他读书很用功。他的母亲怕他过于劳累，约定每晚读书读到灯油耗尽为止，并常常暗中减油。但是灯灭以后，沈约并不会马上睡觉，而是继续背诵白天所读的文章。天长日久的积累，为他成为南朝著名的文史学家打下了深厚的基础。

后来，沈约为中国古诗定音律，著《四声谱》，以平、上、去、入四声定韵。可以说，没有沈约这个湖州人，就没有今天我们看到的唐诗。

52

《文心雕龙》是山东人刘勰所作,但是他地位低下,写成后也没有引起世人的注意,更没有引起文坛的重视。于是他想了个办法。他背着这部书,装成一个卖货郎,守在沈家门口,等候当时政治地位很高的文坛领袖沈约出门,然后送到他的车前。沈约读了,大加赞赏,认为是"深得文理"的巨著,时常放在手边,这部作品也因此逐渐为当时的文人所重视。这大概就是湖州人最早提携后辈的典范了。湖州人的风格就是不管你是湖州人也好,外地人也好,只要肯吃苦,我这边有啥,你也会有啥。不仅教学不藏私,而且师傅送上马,还要扶你走一程这种事情也是经常发生的。

53

王敬则是南朝齐时的吴兴郡太守,他听说这边的小偷很多,于是想了一个办法。一天,他抓到一个小偷后,把小偷的亲属都召集过来,当众鞭打小偷,然后让小偷天天拿扫帚打扫街道。过了很长一段时间,又让小偷检举郡内其他的盗贼来代替他打扫街道。其他小偷怕被举报,都离开了吴兴。

54

隋代的湖州人沈光,以擅长爬竿闻名乡里。当时湖州境内新建了1座寺院叫禅定寺,庙前有1根高10余丈的幡竿突然断了绳索,没有人敢上去弄好。沈光正巧经过,见大家束手无策,就咬着绳子攀爬上去,直到竿顶,系好绳子。

他不仅是爬竿能手,还是攻城能手。沈光跟着隋炀帝东征过辽东,在攻城的时候,他用一根 15 丈长的竿子攀缘而上,登上城楼后一口气杀敌 10 余人,获得了封赏。三百六十行,行行出状元,哪怕只会爬竿,也能爬成将军。

55

湖州在中国古代出过很多进士。宋元以来,占全国人口 0.2% 的湖州共出进士 1406 人,其中仅两宋就出了 625 位进士,占当时全国总数的 1.7%。当时中进士可比现在考进清华、北大的难度大多了,可见湖州人自古就擅长学习。有了这么好的底子,当代的湖州人也不曾辱没"门风",中科院历届 160 位学部委员中,湖州籍的有 10 人之多。

要做事就要做到最好,正是因为这种精神,湖州人在多个领域获得了成功。新中国两代四型导弹驱逐舰的总设计师潘镜芙、新中国第一个飞机设计室的创建者徐舜寿、新中国数理逻辑奠基人之一的胡世华、新中国第一所体操学校创办人之一的徐一冰都是湖州人。

56

有人说湖州人清高、冷漠,不重感情,孟郊表示不服,"慈母手中线、游子身上衣"的诗句妇孺皆知。有人说湖州人呆板、刻意,凌濛初表示不服,传奇小说集"二拍"就诞生在湖州。有人说湖州人只会舞文弄墨、风花雪月，徐迟又不服了，著名的报告文学作品《哥德巴赫猜想》广为人知。还有人说湖州人只会小打小闹，没有成系统的著作，陆羽笑了，世界第一部茶文化专著《茶经》就诞生于此。此外，中国古典四大名著中的《西游记》也跟这里有很深的渊源。

57

现在的人写作查资料，用的往往是搜索引擎，古代人就没有那么方便了。除了多看多记以外，拥有一座藏书楼以及数以万计的孤本才是一件真正令人感到幸福的事情，毕竟那时候查资料可全靠手翻。

湖州出了藏书量盖过朝廷的古代藏书家，也出了影响世界的近现代私人藏书家。这些藏书的价值可不是用钱能衡量的。1949 年 5 月 7日，周恩来就发出指示，要求前线部队对浙江南浔刘氏嘉业堂藏书楼和山西太原城内藏有南宋雕刻碛砂版《大藏经》的普善寺"特予保护，以重文化"。要不是周恩来的过问，很难想象这些重要的孤本和藏书可以在战火纷飞的日子里得以保存。后来刘家将这批藏书捐给了人民政府。

58

别以为湖州人只会舞文弄墨，放下笔的湖州人也有不少能载入史册。三国时的关羽，斩颜良、诛文丑，堪称"万人敌"，参与麦城之战、逼着关羽走投无路的吴国将领朱然正是湖州人。湖州还有南朝陈武帝——从油库管理员逆袭成皇帝的陈霸先。

59

现在的年轻人喜欢自驾游,有的还喜欢穷游。其实这些旅行的方式,都是湖州人玩剩下的。1930年,湖州青年潘德明为了一雪"东亚病夫"的耻辱,秉持着"为中国人争气"的信念,只身或徒步或骑自行车周游世界,在8年的时间里,先后到达40多个国家和地区,成为人类历史上徒步环游地球第一人。潘德明的行动轰动一时,哪怕放到现在,这样的壮举也是少之又少。

在周游世界的旅程中,潘德明积累了许多珍贵的纪念资料,有中外的1200多个团体和个人用几十种文字书写的签名和题词,以及收有20多个国家元首手迹的《名人留墨集》。抗日战争爆发后,他把世界各地华侨捐助他的10万美元考察费全部捐献给了抗日事业。

60

湖州这方土地很受名士们的青睐。这里除了培育出大批的本土英才,还吸引了大批客籍人才。按照现在的话说就是人才引进,外来优秀人才深耕第二故乡。陆羽、吴承恩、张志和、苏东坡、颜真卿等文豪都曾长期寓居湖州,受当地人文山水的熏染,创作出无数鸿篇佳作。

61

要想发财致富究竟应该经营什么产业?湖州人告诉你,那必须是丝业。在近代,湖州可是浙江最富裕的地方之一,仅仅南浔一个小镇上，被时人誉为"四象、八牛、七十二金狗"的商人们靠经营丝业，就积累了难以计数的财富。据说当时财产达千万两白银以上者曰"象"；五百万两以上不过千万者曰"牛"；一百万两以上不达五百万两者，则曰"狗"。虽说大多属于民间传闻，但是在当时，湖州的丝商的确占据着重要的地位。19 世纪 30 年代南浔就有民谣："刘家的银子，张家的才子，庞家的面子，顾家的房子。"

有了丝，不得不说绸。湖州可是世界丝绸之源，当年辑里湖丝热销海内，远销海外。虽说如今的湖州丝业经过大浪的洗涤，再也不是支柱产业，但是热爱丝绸的创业者们依旧在推广他们的丝绸品牌，通过革新技术和转变观念，希望能够再现昔日辉煌。

62

古往今来的湖州人，感觉能用 4 句话来概括：文能安邦，武能定国，行商富可敌国，敬业不惜生命。江南第一富豪沈万三就是湖州人；近现代的张静江等一大批驰骋上海滩和海外的产业大亨也来自湖州；被誉为"远东第一高楼"的上海国际饭店，是来自湖州的银行家建造的；中国第一家证券交易所是湖州人创办的；到欧洲办起第一家中国公司、开商行的也是湖州人。

沈迈士、杨光泩、钱壮飞等不惜生命的民族英雄是湖州人，"新时期铁人"王启民、"海空卫士"王伟、"人民卫士"沈克诚等当代英模也是湖州人。

湖州人内敛又不失霸气，在经商的时候是儒商，而一旦涉及国家、民族利益，又成了"猛虎"。

63

按照湖州人的说法,"湖州人才半天下"。由湖州市社会科学院文化研究室主任、湖州市文化研究所所长沈文泉历时 7 年编撰而成的《湖州名人志》,是湖州市迄今为止最全面、最完备、最翔实的人物志。该书编著奉行"生不立传"原则,上自远古时代,下迄 2008 年,收录湖州历代名人 3014 位。其中湖州籍人物(含出生、生活于外地,但三代以内籍贯在湖州者)2885 位,占 95.72%;对湖州历史文化有较大影响的外籍人士 129 位,占 4.28%。

64

元代诗人戴表元的一句"行遍江南清丽地,人生只合住湖州",让很多人记住了这座城市,也记住了他。在宋元文学转型过程中,戴表元是一位代表性诗人,在某种意义上,他也是开启元代诗风的人物。

65

项羽自身是一个柔情万种的人,不忍辜负江东子弟而不肯渡江,有情有义的爱人为他殉情。其实湖州人何尝不具备这样的品质呢?柔中带刚又极具风情。

66

湖州这座城市不仅美,而且多情。这样多情的城市,自然容易出情种。不仅文人是情种,帝王将相也是情种。传说飞英塔就是陈武帝陈霸先为痴情的飞英姑娘而建的。陈霸先年轻时,曾在湖州的钱员外家里做小工。钱员外有个女儿叫飞英,一来二去对陈霸先有了好感,还把家里珍藏的兵书拿出来给小陈学习。但是钱员外家财万贯,哪能同意把女儿嫁给小工,为拆散他俩,钱员外到县衙诬告陈霸先偷窃,陈霸先只得仓皇出逃。一年后,事业有成的他回到湖州,却发现飞英姑娘已经思念成疾,含恨病逝了。为了报答飞英姑娘的恩情,陈霸先特造塔以表世代纪念。为了与一般的佛塔相区别,特造内外二塔,取名"飞英"。

飞英塔

67

湖州风光有三绝,"塔里塔"(飞英塔)、"庙里庙"(府庙)和"桥底桥"。这"桥底桥"说的就是潮音桥,民间俗称"哑巴桥"。传说 400 多年前,湖州南门一带还是一片荒滩,不但水面开阔,而且风大浪高,来往的行人全靠财主家的一只渡船,每次都被收取高昂的过路费。一直受雇于财主撑船摆渡的哑巴用积蓄在河上造了一座木桥,人称"哑巴桥"。这事断了财主的财路,惹怒了财主,财主便派手下前来拆桥。哑巴极力阻拦,不幸被财主的手下打死了。财主的所作所为激怒了两岸百姓,大家上告官府,于是官府率众人修复了木桥,又在上面修建了一座石桥,形成了"桥底桥"的独特景观。年代久了,木桥已然废弃。为纪念当初造桥的哑巴,人们相约在桥下经过时不说话。直到今天,一些上了年纪的船老大开过哑巴桥时还会对客人讲:"哑巴桥到咯,大家不要响啊。"

68

现在湖州人通过网络刷朋友圈、玩微信群。作为湖州的一座山,弁山也有自己的"朋友圈",而且这些朋友还都是名家,如宋代词人叶梦得、宋末元初学者周密。叶梦得退隐后居弁山,自号石林居士,筑石林精舍,居此藏书著述。周密也曾居弁山之阳,因此自号弁阳啸翁、弁阳老人。有这许多大佬做朋友,弁山想不牛都不行。

69

南北朝时,有一次北齐的大军都打到南梁的首都了,情况万分危急。要动员士兵就得鼓舞士气,但是围城太久,士兵都吃不上饭了,一个个饿得眼冒金星,还怎么打仗?正在陈武帝陈霸先一筹莫展的时候,一个名叫陈蒨的蒋领奇迹般地送来了3000斛米、1000只鸭。陈霸先叫人用荷叶包上米和鸭肉放在一起蒸,发给士兵们一人一包。填饱了肚子的士兵和北齐的大军拼死一搏,还真的打赢了。以少胜多的战例在军事史上并不少见,但凭着鸭肉的鼓舞竟然能让湖州人战胜南下的蛮族铁骑的案例却很少见。现在湖州还有一种用荷叶包着肉的食物叫荷叶粉蒸肉,也许就是从老陈手里演变来的。

70

湖州出过皇帝,陈武帝陈霸先,是南朝梁名将,也是南朝陈开国皇帝。陈氏后裔众多,名人也不少。据有关资料,鸦片战争时期保卫吴淞抗击英军的陈化成,中国近代民主革命家陈天华,中国近代民主革命家、中国同盟会元老陈其美,都是陈霸先的后裔。

71

世人说,一部书画史,半部在湖州。湖州自古出过不少书画大家,优越的人文环境和独特的自然风光,也让其他非湖州籍的书画家们流连忘返。湖州弁山自然环境佳，很多画家都曾把弁山画入画中，元代大画家王蒙就有名画《青卞隐居图》。如今此画收藏在上海博物馆。

72

爱看中国古典小说的人，都知道"三言二拍"，"二拍"的作者凌濛初就是湖州人。他写的故事脍炙人口，《二刻拍案惊奇》中有一篇《李将军错认舅　刘氏女诡从夫》，塑造了男女主人公金定和刘翠翠，据小说来看，金定和刘翠翠就是葬在道场山下的。

73

宋代大文豪苏东坡在湖州当过知州，他对金盖山的风景情有独钟。"道场山顶何山麓，上彻云峰下幽谷。我从山水窟中来，尚爱此山看不足"，这诗句至今在湖州流传。诗中的何山和金盖山其实是同一座山。为何金盖山又名何山呢？传说晋代何楷曾居金盖山中"修儒业"，后来他当了湖州的父母官，因此金盖山又名何山。

74

苏东坡有个好哥们叫张先，是湖州人。因为诗名在外，张先还与当时的宰相晏殊交好。

晏殊善于识别人才，非常喜欢提携后辈，范仲淹、欧阳修、张先等人都受过他的提拔。他极欣赏作词韵趣高雅、超越尘俗的张先。晏殊知永兴军后,即辟张先为永兴军通判。此时晏殊61岁,张先62岁。张先虽长晏殊1岁,却是晏殊的门生。晏殊尤其欣赏他的重情,特别器重他。两人不只是座师与门生的关系,也不只是上下级关系,还是诗文切磋的同道,是可以随意出入家门的挚友。每次张先上门拜访,晏殊都令侍者取出好酒畅饮,令侍女弹唱张先词,张先也以晏殊为知己。

75

说起道士,许多人往往想到的是抛弃世俗家庭,在荒山中修道的自在人。但是龙门派第十一代出了一个叫闵一得的道士,改变了世人的观点。这个闵一得不得了,他提出了道在哪里修都一样的说法,比如你在山里修行算修道,在家里修行,只要遵守道教教义,也算修道。这下子算是给修道的人提供了便利,有些人在家里、在朝廷上班也纷纷修道,一方面可以为父母尽孝、为君王尽忠,一方面也遂了自己修道的心愿,把修道变成一种融入生活的爱好。

76

新中国第一任林垦部部长梁希是我们湖州人。为了纪念他,家乡建了个梁希森林公园。公园虽然规模不大,但是胜在有情调,根据四时季节栽种了不少花卉果木:春天可以看花,夏天可以避暑,秋天可以赏红叶,冬天可以观雪景。一年四季,这里总是游人如织。

77

湖州下昂人沈迈士是著名海派美术大家。关于绘画风格的简约和繁复问题，沈迈士曾经有一个很著名的论断：(谁好谁不好)不能一概而论，要看各人的理解，简约要像欧阳修修史的名句，"逸马杀犬于道"；复杂好比过年放烟火，越多越漂亮。作画也好，做人也好，就看你怎么理解、怎么取舍了。

78

"一二·九"运动的发起人之一陆璀是湖州人。她是个学霸，1932年进入清华大学学习。后来数千名军警带着机关枪两次包围清华大学要搜捕她，她被迫离开学校，躲到斯诺夫妇家里。陆璀那种为国为民不顾一切的品质，是我们每一个人都需要传承下去的。

79

说起湖州晚清民国时期的大家，就绕不开吴昌硕。他是西泠印社的首任社长，与任伯年、蒲华、虚谷合称"清末梅派四大家"。这位老兄实在是太强了。诗、书、画、印样样精通，被称为"石鼓篆书第一人"。一般人穷尽毕生精力能够精通一种技艺已经非常不错了，像吴昌硕这样的大师真是几百年才出一位。

80

诗、书、画、印四绝的吴昌硕特别注重提携后辈新人,大师齐白石就受过他的点拨。中国画研究会会长陈半丁是吴昌硕的弟子,获得了老师诸多良助。因为陈半丁是吴氏最早的弟子之一,所以1910年在北京时,吴昌硕应邀为陈半丁"站台",亲自为其撰写书画、篆刻的润例,帮助他在北京画坛打开局面。

81

湖州人吴昌硕当年在日本被称为"印圣",与"书圣"王羲之、"画圣"吴道子、"草圣"张旭齐名。这才是真正的文化输出,是我们学习的典范。

82

吴昌硕非常正直,他十分厌恶横行十里洋场的人,而那些人却偏偏都对他很"感冒"。上海著名房地产商人哈同过生日,想请吴昌硕画一张画。这位老哈是靠贩卖鸦片和投机房地产起家的,吴昌硕平素最憎恶的就是这班在中国为非作歹的洋人。无论哈同怎样诱以重金,吴昌硕都不予理睬。哈同仗着自己的身份,让当时在上海画界声望略逊的吴杏芬、沙辅卿等人跟吴昌硕求情。碍于同道面子,吴昌硕还是给哈同画了一幅。后来哈同亲自上门取画,看到画上柏树的叶子比正常的要大，就多嘴问了一句。没想到吴昌硕正在这儿等着他呢，他告诉哈同，这幅画有趣就有趣在正过来看是柏树，而倒过来看是葡萄，你们喜欢颠倒黑白，给你的画也只好颠倒挂了。吴昌硕这一手露得十分漂亮，一方面展示了他强大的画技，另一方面体现了湖州人刚正不阿、宁折不弯的品质。

83

湖州人几乎每一个都会写几笔、画几笔。吴个钝就是此道中人。他擅长小篆、山水与四君子国画，为"湖州八老"之一。

著名国画家诸乐三也是湖州人，他是吴昌硕入室弟子，弃医从艺，以美术教育为事业，前后历 60 余年，为湖州的美术教育做出了一番贡献。

84

书画大师很多，但是用左手作画写字并成名的却是凤毛麟角，湖州人费新我就是这样一个用左腕运笔并闻名遐迩的当代著名书法大师。

当年毛主席问郭沫若，谁的书法最好，想排个名次。郭老说，费新我不仅书法好，难能可贵的是，他在右手残疾后坚持用左手练字，自成一派。排名可能因个人喜好有异而不同，但是费老在全国书画界的影响力是杠杠的。不得不佩服他这剑走偏锋的"左手剑"。

85

湖州画家谭建丞从小就表现出极高的绘画天分。14 岁那年,他来湖州府中学堂求学,经人引荐,见到了一代大师吴昌硕。吴老喜欢提携后辈,让他当场作画。一般人见到大师往往会有些紧张,可是这小子初生牛犊不怕虎,毫不怯场,拿过笔又蘸水又添墨,一幅画一挥而就。连吴昌硕都称赞这娃娃日后必成大家。

86

湖州人很孝顺,闻名天下的《游子吟》就是湖州人孟郊写的。湖州安吉县有个孝丰镇,是"孝子颇丰"的意思,二十四孝中的"郭巨埋儿天赐金""孟宗哭竹冬出笋"两个典故均出于此。镇中心在以"孝"为主题的孝文化公园内建立了浙江省唯一的孝文化馆,成为新时期孝文化的教育展示基地。"孝子灯"表演被列入湖州市第一批非物质文化遗产。孝丰镇每年举办的"孝文化风情节""婆媳节"等活动,成为古镇一道道美丽的文化风景线。

87

都说湖州以前有钱,那么到底有钱到什么程度?众说纷纭。有人说出了一个沈万三,富可敌国。有人说湖州南浔有"四象、八牛、七十二金狗",用动物的体积来代表拥有财富的多寡,这在历代也是凤毛麟角。"四象"中，首富是刘镛，其他"三象"分别是张氏家族、庞氏家族和顾氏家族。这些有钱人都出在南浔，所以以前也有"湖州一个城，不及南浔半个镇"的说法。如今你到南浔来，依旧可以听到导游把这段历史娓娓道来。

四象、八牛、七十二金狗

88

"四象"之首刘镛可是鼎鼎有名，据说资产达白银 2000 万两之多，光绪皇帝曾钦赐"乐善好施"牌匾表彰其善行。因为刘家资产最为庞大，在"四象"中被称为"刘家的银子"。

刘镛一开始在一家绵绸庄当学徒。他做生意的眼光非常敏锐，赚到第一桶金以后，他不仅做本行，还涉足盐业，成为大盐商，又经营房地产。

当时闻名全国的商人，浙江有 3 个，一个是杭州的胡雪岩，一个是宁波的叶澄衷，还有一个就是湖州的刘镛。能够从一个小镇走出去，成为闻名全国的大商人，除了商业头脑，刘镛身上还有许多值得我们学习的东西。可惜给红顶商人胡雪岩拍了不少电视剧，老刘这里还是空白。

89

"四象"第二位名叫张颂贤，这位老兄是靠经营辑里湖丝发迹的。一开始张颂贤只是做做弹棉花的小买卖，后来看到辑里湖丝在世界上广受欢迎，发现了丝业的商机，毅然决然开始创业。凭借着个人的商业才华，几年时间他就发家致富，成为南浔"四象"之一。他的孙子就是张静江。

90

去南浔古镇观光的人，少不了要去张石铭旧宅，这种典型的江南传统建筑格局和法国文艺复兴时期的西欧建筑群组合而成的中西合璧式的建筑在整个江南也不多见。

说起张石铭，这个人可是很有来头的——他的爷爷就是当年"四象"之一的张颂贤，堂兄是国民党元老张静江，可谓名门之后。有这样强大的背景，他却更喜欢方寸之间的物件，字画、金石、碑刻、书籍他都喜欢收藏，若是在现代就是个标准的文艺男青年。他还是西泠印社的发起人和赞助人，与文人们很有交情。

91

　　无独有偶,"四象"之一的庞云镨也为丝行学徒出身,虽然他也通晓蚕丝经营之道,但是他的发家史和刘镛、张颂贤这类经营天才不同,他是交际达人和高情商人才。为什么这么说呢?他在经营中认识了"红顶商人"胡雪岩,和老胡套上交情搭上线后,他们合伙做起了军火生意。就这样,一来二去,通过胡雪岩,老庞在官场上也有了一定的影响力,连慈禧太后都赏了其子庞元济一品封典,候补四品京堂,在"四象"里号称"庞家的面子"。

92

　　顾福昌也是南浔"四象"之一,因为排行第六,被称为顾六公公。他也属于白手起家的主,早年家境清贫,起初从摆布摊开始做生意,一直到后来经营起当时上海滩上唯一的外洋轮船码头——金利源码头,不得不说老顾在做生意上还是很有天分的。但是顾家在当时主要因为大做房地产生意而出名,在"四象"中以"顾家的房子"著称。

　　不过顾家从第三代开始就出现了衰败的迹象,顾福昌的曾孙顾乾麟17岁时,家族负债高达3.7万两白银,顾家从"大象"变成了"蚂蚁"。小顾继承曾祖父顾福昌的衣钵,从小学徒做起,打拼10余年,终于重振家业。小顾还以父亲的名字设立"叔蘋奖学金",目前这个奖学金已经成为我国民间创办历史最长、授奖学生最多、设置学校最广的奖学金之一。

93

湖州商人过去名头很响。江南第一巨富沈万三就是湖州南浔人。他到底富到什么程度？历史上留下了许多有趣的传说。按照记载来看，其财富相当于现在的 15000 亿—20000 亿美元，你说他富不富？

94

赵孟頫在我国书法界可谓神一样的存在，篆书、隶书、楷书、行书、草书，没有他不会的。赵孟頫以楷书和行书著称于世，与颜真卿、柳公权、欧阳询并称为"楷书四大家"。时至今日，赵体依旧在书法界风行。鉴于赵孟頫在美术与文化史上的成就，1987 年，国际天文学会以他的名字命名了水星环形山，以纪念他对人类文化史的贡献。

95

说了赵孟頫，不得不说一说他的夫人，毕竟牛人的老婆岂是一般的存在呢？

赵孟頫的老婆叫管道升，不仅有才，而且御夫有术。老赵 50 岁的时候，名声如日中天，在官场上也混得风生水起，得到了皇上的恩宠。在老赵所处的这个年代，同是名士官吏，一般人家里都是三妻四妾，赵孟頫看看家里，却只有管道升一个老妻。他想着"田舍翁多收了几斗麦子，尚且要换一个老婆"的老话，打算纳个小妾，赶赶时髦。

天下没有不透风的墙,这个事情被夫人管道升知道了。管道升也不哭也不闹,笔一挥写下一首《我侬词》,摆在赵孟頫书桌上。大家都是文化人,说话不能那么直接,这是夫人给赵孟頫面子。老赵看了夫人的词后潸然泪下,羞愧得无地自容。

几句诗,挽回了一个大才子的心;一段话,修补了即将散掉的家。管道升,可真有你的!

96

湖州自古才女众多,除了赵孟頫的夫人,我看,最"拉风"的是李世民的爱妃,被后世尊为桂花花神的徐惠。这些才女大都是从小成名的,用现在的话说就是女神童,徐惠则是女神童中的精品。传说徐惠出生5个月就能说话(也有说5天的,当然还是5个月比较可信),6个月会爬,7个月会走,4岁通读《论语》和《诗经》,6岁能背诵许多名家作品,8岁在父亲指导下研习《离骚》,工于诗文。唐太宗李世民的后妃中,被载入史册(新旧《唐书》后妃传)的只有2个人,一个是长孙皇后,一个是贤妃徐惠。有人说,在李世民的情感世界里,徐惠妃以自己的风采延续着长孙皇后的生命。

97

女道士李季兰是湖州人,号称唐代四大女诗人之一。《唐才子传》里有关于她的记载,说这个小姑娘从小聪明过人,擅长琴艺,精通诗词格律。若是放在现代,李季兰肯定是各个学校争抢的优等生。她五六岁时吟诗一首,"经时未架却,心绪乱纵横",老父亲一看急了眼,觉得她小小年纪如此恨嫁("架却"谐音"嫁却"),"恐为失行妇人",赶紧把她送去道观出家。但也许是冥冥中自有定数,李季兰虽然出家,却芳名远播,长大后与当时的名士朱放、皎然、陆羽等都交情不错。

98

湖州的画家曹不兴是个聪明人。据说当年他给孙权画屏风,正画到一篮杨梅,一不小心落了一点墨在纸上。污了屏风这事可大可小,"碧眼儿"孙权一怒之下,说不定曹不兴就成了"曹不行"。好在曹不兴很有两下子,几笔就把这点墨画成了一只苍蝇。

虽然与预想的作品略有差距,但是等孙权来视察工作,发现这只苍蝇动手要拍的时候,老曹就知道这事儿不用担心了。因祸得福,孙权都说曹不兴的画惟妙惟肖,如同真的一般。

99

画家张僧繇当过吴兴太守,大家都熟知的"画龙点睛"的故事,就是关于他的。在古代,世人总喜欢将同一时期的几个名人凑个队,让大佬们"组团出道"。张僧繇和顾恺之、陆探微一起被推为"六朝三杰"。张僧繇在艺术修养上有着坚实的基础,他的艺术作品有着独特的魅力,再加上他"思若涌泉"的创造力和"万类皆妙"的艺术才能,他的艺术生命力从萧梁时期一直贯穿到隋唐,在唐代备受推崇,成为艺术领域的法则和典范。

100

　　坐落在馆驿河头 139 号的古代贤守纪念馆,所在的古典建筑霅溪馆系晋吴兴太守谢安故宅,由唐代大历年间湖州刺史颜真卿命名为霅溪馆,光启年间遭毁,后在馆驿河头得以重建。王羲之、谢安、柳恽、颜真卿、杜牧、孙觉、苏轼、王十朋、陈幼学、劳钺等湖州古代十大贤明太守的事迹在这里滚动播放。震惊了,原来这些名人都曾在湖州做过官。

101

　　吴承恩的官运不好,60 多岁才做了湖州长兴县丞。他空有一肚子墨水,在官场却相当失意。困顿的生活,满心的愤懑,让吴承恩只能将不满发泄在志怪小说里。老吴爱看神仙鬼怪、狐妖猴精之类的书籍,好像有点不务正业。但是这些偏门的阅读,为吴承恩后来创作《西游记》奠定了深厚的基础。50 岁左右,他写了《西游记》的前十几回,后来因故中断了多年,直到晚年辞官回到故里,他才得以完成《西游记》的创作,历时 7 年。

102

　　名人在湖州的八卦也不少,杜牧在湖州就有过一段风流往事。唐代大和二年(828),杜牧在宣州幕下任书记时,到湖州来访友。湖州刺史崔君素知杜牧盛名,便唤来本城所有的歌姬,由着杜牧挑选。没想到这位浪漫诗人一个都没有看上,却看上了一个老妪带来的 10 来岁的小姑娘。他给了老妪一些财帛当聘礼,约定 10 年之内必来湖州当刺史,到时候再迎娶,如果 10 年不来,姑娘可以另嫁他人。

只不过这当官时间,皇帝可以拍板,小杜可拍不了板。他最终的确当了湖州刺史,却是 14 年后了,当年的小姑娘已经嫁作他人妇,成了 2 个孩子的妈妈。

失落不已的杜牧作《怅诗》一首:"自是寻春去校迟,不须惆怅怨芳时。狂风落尽深红色,绿叶成阴子满枝。"依照唐代的风气和杜牧浪漫主义的个性,这个八卦未必是空穴来风。

103

说起湖州的茶文化,绕不过茶圣陆羽,他就是在湖州写成世界上第一部茶文化专著《茶经》的。但你要是觉得他有个开挂的人生,那就大错特错了。相传陆羽长相丑陋,3 岁时被父母狠心抛弃在山中。幸好,竟陵龙盖寺住持智积禅师发现了这个被丢在山里的孩子,把他捡回寺里收养。

陆羽是个不认命的人,虽然相貌丑陋,说话口吃,但他找到了一条谋生之路——扮丑角。形象丑陋的他扮演小丑都不需要化装;虽然口吃,但他幽默机智,段子笑料层出不穷,很快成为知名的丑角。后来他还编写了 3 卷笑话书《谑谈》。人一生遵循什么样的轨迹,一半是天意,一半是努力。

104

　　湖州被称为茶乡,不单单因为这里是《茶经》的诞生处,更因为湖州人都爱喝茶。杭州的西湖龙井茶闻名天下,但是湖州人骄傲的是,和省城杭州相比,湖州几乎每一个县都有闻名天下的茶种,安吉县有白茶,德清县产黄芽,长兴县有紫笋茶,每一种茶都有其独特的茶味。

105

　　安吉白茶是湖州安吉县的特产,别看它最近才成为国家地理标志产品,可已经有上千年的历史了。虽然说江南人喜欢喝绿茶的多,但是相比大名鼎鼎的西湖龙井,湖州人更青睐安吉白茶,毕竟是家乡风味。

106

　　湖州德清县产的茶叫莫干黄芽,之所以叫这个名,主要是因为茶产在莫干山,从晋代开始就有僧侣在莫干山上种茶的记录了。当年僧侣在莫干山上种了不少品种的茶,但是喝来喝去只有黄芽最好喝,优胜劣汰,其他的茶渐渐就种得少了。莫干黄芽是黄茶的一种,对于喜欢喝绿茶的湖州人来说,一开始可能有些喝不惯,但品久了会觉得别有风味。

107

长兴顾渚山的紫笋茶,是贡茶中的"老前辈"了。贡茶也是分档次的,在唐代,顾渚紫笋茶就是贡茶中的第一类,连陆羽都评价其为"茶中第一"。湖州离长安千里之遥,送茶去长安一趟起码要 10 余天,但是当时有规定,第一批的"急程茶"一定要在清明前抵达长安,这压力就大了。当时交通不便,没有高铁飞机,运茶全靠骡马,而且茶自有其生长规律,不能提前备好,于是每年的这个时候就是湖州官吏最忙的时候,督办贡茶,办好了升官发财,办砸了乌纱搬家。这么好的茶,现代人也不是想喝就喝得到的,为了保证品质,此茶产量有限,每年清明前,前来买明前茶的人都得预约排队。

108

湖州南浔的江南风味很浓,它不但是江南水乡六大古镇之一,还是历史文化名镇,是富甲一方的商贾重地。

叶圣陶、茅盾都写过故乡,而湖州籍作家徐迟,用了总共 66 个"水晶晶的"来描写他的家乡南浔:脚丫船、渔舟、烟波、野鸭、白鹭鸶、水风车、水车、池塘、水网、荇藻、春草、垂柳、荷叶珠子、竹径、桑树园、蚕虫、油菜花、稻田、紫云英、稻香村、积谷仓、小岛、寺院、宝塔、藤萝架、九曲桥、太湖石、雨巷、长街、绸缎店、歌榭、酒肆、野荸荠、水晶糕、橘红糕、灯火、纺车、织梭……这 66 个词语里,有道不尽的江南风情。

109

湖州人的有钱可是名声在外的。溥仪被冯玉祥赶出故宫,迁居天津的日本租界。他想恢复大清祖业,到处搞"众筹",以期招兵买马,东山再起。他亲自跑到湖州,找到父亲是"四象"之一的庞元济,赐了一块匾给他,希望他捐几十万两银子给他。庞元济这人拎得清,没有站错队,一个子儿都没给他,搞得溥仪很没面子。

110

孙中山也找过南浔人要钱。他找到张静江,张静江出手很大方,有求必应,当然他看出孙中山是只潜力股。孙中山也懂得投桃报李,就任中华民国临时大总统后,把湖州南浔这个只有 5 万人的江南小镇升格为南浔市。

这个张静江是国民党四大元老之一,还当过浙江省主席。

111

"龙潭三杰"之一的钱壮飞是湖州人。在隐蔽战线工作,其实是需要多种强大的能力的。与我们在电视剧中看到的卧底、007 等影视形象不同的是,他们更有血有肉。钱壮飞这样的能人,哪怕在国民党内部也能身居要位、衣食无忧了。他一次又一次把重要情报送出来交给中央,靠的是对共产主义坚定的信仰。钱壮飞没有邦德酷炫的招式或层出不穷的武器,他有的是谨慎的性格和临危不惧、随机应变的才能。

112

徐舜寿何许人也,大家可能不熟悉,但是说起他的哥哥徐迟,想必很多人听说过。徐舜寿是中国著名飞机设计师,创建了新中国第一个飞机设计室,主持、组织或亲自设计的飞机有歼教-1、初教-6、强-5、歼-6、轰-6、运-7等。这等牛人生在湖州,实乃湖州的骄傲。

113

想必大家都学过《狼牙山五壮士》,这篇文章的作者沈重正是湖州人。他的通讯报道作品大多是武装斗争的题材。虽然沈重身有残疾,一目失明,但是他的作品却催人奋进,令人激动。

114

1938年,湖州人杨光泩受命于危难之秋,出任中国驻菲律宾总领事,积极宣传抗日救亡,向华侨募捐支援抗战。

1941年12月7日,日本偷袭珍珠港,太平洋战争爆发,菲律宾首都马尼拉危在旦夕。美国远东军司令麦克阿瑟将军率军撤离时,在最后一架飞机上为杨光泩留了座位。但为掩护当地华侨及领事馆财产,杨光泩果断拒绝,誓曰:"身为外交官,应负保侨重责,未奉命之前,绝不擅离职守。"他一面计划应变办法,一面疏散文职人员。最后他被日军囚禁,不幸被害。

115

湖州有个很著名的企业家叫潘阿祥,他大字不识一个,却以看图说话的方式记下了该记的人和事。比如,他的电话簿里,管工业的副市长,电话号码旁画着一个烟囱,管农业的副市长,就画个粮垛,管园林的就画朵花,公安局局长画支长枪,派出所所长画支短枪。

一次省委宣传部的领导前来考察,潘阿祥接过名片问,领导姓陈吧? 满座皆惊,阿祥识字了? 没想到他不好意思地解释了一句,我老婆也姓陈,这个字我看到过的。

潘阿祥的电话簿

116

周苏红是土生土长的湖州人，也是国家女子排球队前副队长。她在役时的中国女排获得了 2003 年世界杯冠军，2004 年雅典奥运会冠军，2008 年北京奥运会季军，2002、2006、2010 年 3 届亚运会冠军。因为她，当年湖州也掀起了一阵排球风。

117

盘石创始人田宁是典型的湖州小伙，他创立了全球最大的中文网站联盟，是一位备受尊敬的中国商界青年领袖。2012 年初，田宁接棒成为中国电子商务之都——杭州的新一届电子商务协会掌门人。

118

南宋的时候，湖州人、进士郑安国因为私自酿酒，被人告了。县官一审讯，得知他是因为老母亲常年喝药，想喝点"无灰酒"，因此才私自酿酒。见他孝顺，县官就放他回家了。什么是"无灰酒"呢？现在湖州市面上也没的卖。据说那是一种药酒，每年将砍下的桑枝晒干后烧成炭灰，掺到酒里，喝起来特别美味，而且对身体有好处。但是因为没有人传下来具体配方，所以现在大家也只能姑妄听之。不过从现在做的××药酒什么的广告来看，"无灰酒"这个商机值得好好开发。

119

《鹿鼎记》里的明史案确有其事,就发生在湖州。因为湖州文人太多,所以"躺枪"的事情也很多,但是时至今日,湖州人丝毫没有因为"文字狱"这种事情而看淡读书,读书人的骨气已经烙印在了他们的骨子里。

120

清代道光皇帝的叔父瞎了一只眼睛,想找人给自己画像,找了好多画师都不满意,最终他找到了湖州画家费丹旭这里。费丹旭略加思索,画了一幅《掏耳图》。画上,老王爷微微侧着身子,偏着头,在给自己掏耳朵。他双眉微蹙,盲的那只眼睛恰巧闭着,看起来就像是在享受掏耳朵时的那份微妙舒适,这正是掏耳朵时候的神态。这令老王爷非常满意,可见"你大爷还是你大爷"。

121

古装剧一到行刑的情节,往往有砍头啊,凌迟啊,断手断脚啊这些残忍的刑罚。这些酷刑被废止,靠的还是湖州人的努力。湖州人沈家本上书光绪帝,皇帝赞同了沈家本的意见,永远废止了凌迟、枭首、戮尸等骇人听闻的刑罚。

122

　　生长在鱼米之乡的湖州人，餐桌上少不了各式各样的鲜鱼。捕鱼和吃鱼是湖州人生活的重心之一，从古至今，湖州先人们留下了不少跟鱼有关的风俗。春天放养鱼苗的时候要"请财神"，希望来年的鱼长势旺盛，能卖个好价钱；夏末鱼病多发的时候要"祭塘"，毕竟古时候科学不发达，没有太多治疗鱼病的药物，人们想得最多的还是求神明和老天爷保佑；当然最开心的要数丰收的时候，跟别的农家吃杀猪饭一样，湖州人要吃"鱼汤饭"，庆祝丰收。

123

　　舞龙是中国的传统民俗文化活动，而湖州长兴的百叶龙无疑是最具特色的舞龙表演之一。百叶龙，顾名思义由"百叶"构成。这个"叶"可不一般，全是荷花花瓣。花瓣组成荷花，荷花又组成巨龙，像极了动漫里的组装机器人。因为巨龙是由花瓣组成的，所以严肃中不失柔美，刚柔并济，别有一番风味。2006 年，百叶龙被批准列入我国第一批国家级非物质文化遗产名录。

长兴百叶龙

124

　　湖州人逢年过节走亲访友,主人往往会拿出极具地方特色的"三道茶"待客。"三道茶"的第一道是甜茶,配上手工摊制的糯米镬糍,有健胃润肠的功效。第二道是熏豆茶,以熏青豆、胡萝卜丝、芝麻等为原料泡茶,还没喝就能闻到一股扑鼻而来的清香。第三道是清茶,吃过前两道茶和茶点,最后上一道清茶给客人清清肠胃,去除油腻。不得不说,湖州人在生活上的精致程度,浙江人无出其右。

125

京剧和越剧作为大剧种,在全国各地的票友众多。湖州也有自己的地方剧种——湖剧。虽然当下湖州也没有多少人熟悉湖剧了,但其历史却十分悠久。湖剧原来的名字叫"湖州滩簧",以前没那么多娱乐方式,闲暇时只能听听评书、看看戏。京剧、越剧离得远,有些乡音湖州人听不懂,于是湖剧就应运而生了。湖剧由湖州人演唱,说的都是家长里短、悲欢离合,爱看的人很多。

126

除了湖剧,老湖州人还喜欢听湖州琴书。湖州琴书跟苏州评弹略有相似,因为湖剧和琴书在艺术形式上相差无几,他们往往合作表演,分档唱琴书,按照现在的说法就是搭伴开演唱会。但是因为有苏州评弹在前面,琴书发展的步子迈不大,加上年轻人不肯学,现在已经到要保护的程度了。

127

湖州人自古以来种桑养蚕,由养蚕而产生的独特习俗在当地广为流传,蚕花庙会就是其中一种。相传范蠡和西施路过湖州,给养蚕的姑娘送过花,没想到当年蚕茧迎来了大丰收,让大家欣喜不已,为了纪念西施,祭拜蚕神,祈祷蚕桑丰收,当地每年举办蚕花庙会。每年清明时节举行的蚕花庙会都异常火爆，乡邻们从四面八方涌来，一起看看蚕花娘娘，祈求这一年风调雨顺。

128

说到湖州的"蚕花圣地"，那肯定就是含山了。民间传说把地处湖州市南浔区的含山视为蚕神的发祥地和降临地，每年的清明节期间，十里八乡的蚕农都会赶去含山轧蚕花。"轧"为湖州方言，是"挤"的意思。现在虽然蚕农少了，但看热闹的市民多了，每年的这个时候，反而更加热闹了。背蚕种包、戴蚕花、祭蚕神这些保留节目很受欢迎，不过最受欢迎的非看蚕花娘娘莫属。相传蚕花娘娘由蚕神亲自选定，只有最美的女子才能得到这一殊荣。

传说蚕神在清明节会化作村姑踏遍含山的每寸土地，留下蚕花喜气，接下来谁来脚踏含山地，谁就会把蚕花喜气带回去。所以蚕农们每年清明都要来游含山，轧蚕花，踏踏含山地。

轧蚕花庙会在明清时期达到鼎盛，各种府志、县志、镇志都有记载。清代诗人沈焯的诗就描述了含山清明轧蚕花庙会的盛况："吾乡清明俨成案，士女竞游山塘畔。谁家好儿学哨船，旌旗忽闪恣轻快。"

129

湖州有个乾龙灯会，看名字就知道，肯定跟乾隆爷有关啦。这位爷非常喜欢下江南，当年看了灯会后龙颜大悦，赞不绝口，灯会也就得到机会，逐渐发展起来了。以前湖州德清农家每年还会专门请人来舞龙,是十分隆重的活动。现在,这乾龙灯会已经从湖州开始慢慢普及到苕溪两岸了,不过还是湖州和杭州交界处最为活跃。

130

湖州人喜欢吃,也吃出了门道,吃出了特色。湖州人会根据不同的时令吃不同的食物,还能说出个子丑寅卯来。

五月初五吃粽子是为了纪念屈原。粽子仅仅好吃就完了吗?那你就大错特错了,湖州人在好吃之余创出了"诸老大粽子",一直到现在,台湾友人来湖州,还念念不忘要带几个回去。

六月初六湖州人习惯吃馄饨。有人说吃馄饨意味着打破混沌,开天辟地。叫我说啊,湖州人就是爱吃馄饨,不找借口都要来一碗,有了这个说法,那还不得多来几碗?

七月初七要吃西瓜。农历七月天气非常炎热,据说这时候吃西瓜可以不长痱子。

立冬是个大节气,这一天,家家户户只要有条件的,都会炖只鸡给男主人补补,毕竟男人要干农活,很辛苦。现在生活条件好了,啥时候想吃鸡都行,立冬吃鸡也就成了一种习俗,标志着大家冬令进补的开始。

131

清明时节,湖州最时兴的一种吃食就是清明圆子了。清明圆子有两种颜色:白色和青绿色。白色的是用糯米粉做成,形状酷似蚕茧,但比蚕茧大四五倍,所以又有"茧子圆"之称。青绿色的圆子制作时则要添加清明草泥或者艾草泥来增加绿色。水开后倒入清明草或者艾草，煮四五分钟后捞出，放入冷水里过一遍后捞出挤干水，用菜刀切碎，再用料理机将碎草打成泥。除了捏清明圆子外，老底子湖州还流行用糯米粉捏成猫、狗等小动物，煮熟后放在灶沿上，自然烘干，等到立夏那天切成片状，然后油炸了吃。

132

湖州小孩们的玩耍可是非常讲究的，按照素质教育的说法，他们是在玩中学、学中玩。每年立夏这天，湖州小孩们都有去外婆家吃午饭的习俗。这天全村的小孩们都会行动起来，找砖块，捡柴火，烧火，分工合作，野炊。这叫"野火饭"，是属于 20 世纪七八十年代的孩子们的乐趣。做"野火饭"，大人有时候会帮忙，但大多数时候是旁观，看着孩子们从家里拿出糯米、肉和炊具，忙碌着烧好一顿饭。因为这一顿饭光靠一两个人是绝对忙活不下来的，所以团队合作的重要性从这一天开始就深深烙在湖州小孩们的脑子里。

133

"一寸光阴一寸金"，其实"寸金"还可以形容一种糖。这种糖是长约一寸的金黄色的小条，美其名曰"寸金糖"。这糖是由饴糖、白砂糖、绵白糖和熟面粉等原料混合制成的，甜上加甜。年轻人可能对这个点心没啥印象，但上了年纪的人特别青睐寸金糖，毕竟曾经是只有过年的时候才能吃的糖点，寓意未来一年都会称心如意。这样的好寓意，湖州人是不肯放过的。

134

　　湖州有一种很好看的拳法,叫"练市船拳"。这是湖州清明轧蚕花时候的主要表演项目,表演场地特别简单,只要将两只木农船并排扎在一起,上面铺好木板,弄个台面,老师傅们就可以上台表演了,单打的单打,对练的对练。这种船的四周都要插彩旗,所以老远就能看到。往往老师傅一停船打拳,十里八乡的人都会放下手中的活计来看个热闹。

　　高手一过招,就知有没有。船拳的路数特别丰富,单单拳法和兵器套路就有近百种。船拳是从舞板凳这样的民间练武形式演变而来的,也吸收了从历史典故、民间特技和上古乐府乐舞演化过来的动作,拳来脚往,舞刀弄剑,好看至极。

练市船拳

135

南浔辑里村，一个小小的村庄，出产的辑里湖丝享誉海内外。村里从元代开始就产湖丝，到明代已经有些声誉了。到了清代，因为所产湖丝质量特好，誉满天下，当时可是连皇帝的龙袍都指名要用湖丝做线制作呢。从元到明到清，辑里村的湖丝产业从小作坊做到誉满天下，离不开当下需要的工匠精神，从小处着眼，做好每一个步骤。

136

绫绢是绫和绢的合称，都是用蚕丝织出来的，薄而且软，亮度也很不一般。湖州双林的绫绢和辑里湖丝一样出名，有"凤羽"的美称。有名到什么程度呢？大家可能不知道，早在东晋，就有关于双林绫绢的记载。后来双林绫绢还出口到越南、柬埔寨、印度、斯里兰卡等国家。古时候，周边小国能收到一点天朝上国给的东西，就会觉得倍儿有面子。

137

湖州安吉孝丰镇有个皮影戏世家项家，悠久、专业、精粹就是这个家族的标签。据说老项家是清代从河南迁过来的，一来就把皮影戏这门手艺带过来了。以前乡里乡亲想看皮影戏得等走村串户的草台班子,老项家来了以后,周围的居民只要想看戏,都可以去老项家爽一把。后来,自己村里已经满足不了老项家的发展需求了,于是他们开始走街串巷,几乎跑遍了浙江、安徽、江苏的大城市、小村子。

138

有一副对联写得好,上联是"走马灯,灯走马,灯熄马停步",下联是"飞虎旗,旗飞虎,旗卷虎藏身"。对联很工整,看到这副对联的人,无不想见识见识这个"灯熄马停步"的走马灯。在长江中下游地区,特别是湖州的长兴县煤山镇,走马灯相传有200多年的历史。据说清代的时候,这里有四兄弟,老大王荣堂是个很有经济头脑的人,鼓励当时的村里人多养牲畜,致富快,而且在夜间喂养的时候,要在照亮的灯罩上写一个"马"字,祈求六畜兴旺。这个灯就是走马灯的前身了。

139

飞英塔是湖州城的精神象征之一。登上飞英塔俯瞰湖州城,整个城市就像一只六棱龟,静静地匍匐在太湖之滨。飞英塔结构独特,木塔罩着石塔,是塔里塔。飞英塔像湖州人一样,外表锦绣,内藏石心,有一副方孝孺般的硬骨头。

140

湖州是个水乡,北临太湖,因湖得名。说到太湖,"吃货"想到的是"太湖三宝",景观爱好者想到的则是因为造型酷似马桶盖而爆红于网络的酒店——喜来登酒店。喜来登酒店号称"中国第一家七星级酒店"。到了湖州,只有到"马桶盖"酒店走一走,才不虚此行。

太湖畔的喜来登酒店

141

看着隔壁三国城、水浒城游人如织,湖州人眼红得紧,便在太湖畔建造了太湖龙之梦乐园。这不,乐园试运营,好好地扳回了一局。整个乐园非常大,除了太湖古镇、野生动物园外,还有海洋世界、购物中心、盆景园、湿地公园、太湖药师文化园等等。太湖龙之梦乐园每天夜间的灯光秀表演可以和迪士尼乐园一较高下。约 28000 间酒店客房、75000 个演艺席位、20000 个停车位和 30000 平方米宴会会议厅,使得太湖龙之梦乐园成了华东区域排得上号的综合性乐园。

看表演,玩穿越,《醉美太湖》的表演可以媲美杭州的《宋城千古情》。来了湖州,怎能不来太湖龙之梦乐园?

142

湖州的文化氛围浓厚,藏书就是其中有特色的一种。世人多有收藏癖,小时候收藏糖纸、洋片,长大了收藏口红、火机。但湖州人的收藏以书居首位。南朝文学家、湖州武康人沈约,藏书 12 万卷,藏书之富号称"京师莫比"。元代,赵孟頫有数万卷藏书,其中不少被明清藏书家视为瑰宝。明、清、近代,湖州藏书数万卷之人多如牛毛。在全国各地的众多古藏书楼中,浙江湖州陆氏皕宋楼与江苏常熟瞿氏铁琴铜剑楼、山东聊城杨氏海源阁、浙江钱塘丁氏八千卷楼合称"清末四大藏书楼"。这些藏书的价值,可不是单单凭借现在的市场就能估算出来的。

143

　　藏书界的纷争也很激烈。清代同治年间,当时藏书界的大佬郁松年的藏书开始散出了,说白点就是因为手头紧或者其他紧迫的情况开始出手自己的藏品了。这可乐坏了当时藏书界的其他大佬。但是搞收藏这事儿要有雄厚的资金作为后盾,最终只剩下丁日昌和陆心源两位。这两位都是爱书的同道,家里的藏书都不少。按照现在的话来说,就是同一个圈子里的人,大家都是知根知底的,平时应该还会搞搞聚会,联络联络感情。但是这次的孤本散出对于藏书家来说是意义非凡的。果然两个人在收书的过程中发生了摩擦。看来收藏这一道还真的只有"六亲不认",方能修成正果。

144

　　再来说说陆心源。这位皕宋楼的主人死后葬于云巢山(又名金盖山)。假如陆心源仅仅是个普通官员,那可能早就被人遗忘了,但因为他还是个藏书家,而且是大名鼎鼎的皕宋楼楼主,所以永垂青史。跟收藏珠宝、首饰、豪车、名表不同,陆心源的藏书远不止于经济上的收藏价值。

145

　　皕宋楼的藏书目前大部分漂洋过海到了日本。说起藏书去往日本的故事,至今还令不少文化人扼腕叹息。俗话说"富不过三代",陆心源的儿子因为做生意亏了本,就想卖点家产来还债。但是房子是安身立命的地方,他不敢卖,也不能卖,而他老子的那些书,吃又吃不得,玩又玩不得,每年夏季要拿出来晒,还要给它们除霉、保养,花费倒是不少,所以他卖了还债。

但是他之所以被人诟病,主要还是因为把书卖给了日本人岩崎弥之助。当时中国人也有想买的,比如商务印书馆的张元济就多方筹措了6万两银子的订金,只可惜晚来一步。差可告慰的是,藏书在日本保存得比较好。

146

古往今来,大河流域容易成为人类文明的发源地。孕育了湖州人的苕溪虽然叫溪,但它并不是山里的小溪,而是一条大河。单其支流东苕溪在湖州的行政区域内就长约60千米。宋代著名书法家米芾有一幅名作,叫《苕溪诗帖》,讲的就是湖州的这条河。苕溪在湖州境内其实有两条支流,一条叫东苕溪,一条叫西苕溪。这两条河在湖州城内交汇后流入太湖。

147

印刷术由中国人发明,也在中国逐步得到完善。古时的书籍很多采用的是雕版印刷。南浔嘉业堂藏书楼刻书24年,用的就是雕版印刷术,对此感兴趣的朋友,来到湖州一定要去看看。

148

　　说到滑雪胜地,你会想到哪里?是阿尔卑斯山的温泉小镇还是瑞士的"冰川之城"采尔马特?如果单论国内的滑雪胜地,不得不说一说安吉的天荒坪。天荒坪海拔近千米,上有一个排名世界前列的抽水蓄能电站,电站的水库被称为"江南天池"。这么得天独厚的优势,当然要好好利用起来,于是在这建设了冬季野外滑雪场——江南天池滑雪场。每年的 12 月中旬至次年 2 月中旬,江南天池滑雪场绝对是大家放松的好去处。

149

　　湖州安吉境内有一个仙龙峡。这个峡谷可不得了,这里有长三角地区最刺激的峡谷漂流。它有 15 个极限弯道,其中的 3 个堪比顶级F1 赛道的发卡弯。与其他漂流不同的是,仙龙峡两旁都是渺无人烟的原始森林,是想要找刺激的朋友们的不二选择。

150

　　湖州安吉的天子湖镇有南北湖省级湿地公园,这里的生态系统具有一定的典型性和多样性,昆虫、鱼类、鸟类、水生植物等野生动植物资源十分丰富。

151

浙江省有不少大型水库,其中湖州占了 3 座,分别是德清的对河口水库和安吉的老石坎水库、赋石水库。这些水库除了有防洪、灌溉、发电的作用外,还作为国家级水利风景区,被越来越多人熟知。究其原因,无非空气好、环境好,绿水青山让慕名前往的人们心旷神怡。切记,不可以在库区游泳哦。

152

中国人都讲究饮水思源,不敢忘本。大家都知道鼎鼎大名的黄浦江,但是黄浦江的源头在哪里呢?原来就在湖州,在湖州安吉的龙王山中。1999 年,经上海市地理学会论证,安吉龙王山被确认为"黄浦江源",了却了大众的饮水思源之心。

153

许多人可能不知道龙王山,但听说过莫干山。湖州的莫干山与秦皇岛的北戴河、信阳的鸡公山、九江的庐山并称为中国四大避暑胜地。这座山的山名相传与春秋时的铸剑名师干将、莫邪有关,山上至今有剑池、试剑石等遗迹。如果你喜欢寻访古迹,一定要到莫干山一游;就算你对历史传说不感兴趣,也能在山上感受一番清凉。山上的名人避暑别墅很多,蒋介石与宋美龄结婚后度蜜月的地方之一就是莫干山。每年夏天，许多国内外游客都会来到莫干山，享受这难得的清凉世界。

铸剑莫干山

154

现在的莫干山景区是国家级风景名胜区、国家 AAAA 级旅游景区。不仅景色美，而且各类配套设施也相当完善。

莫干山镇的精品民宿有上百家，有"裸心谷""法国山居"这些名气大、动辄千元一晚的，也有几百元一晚的，但不管贵的还是便宜的，旺季时都是一房难求。毕竟很多人来到莫干山，最重要的就是在民宿体验一把，看看竹海，吃吃农家菜，听听鸟声、水声、风声。

155

湖州人习惯以"三"来并称一些好东西,比如"太湖三宝""太湖三鲜""湖州三跳""湖州三绝"。莫干山有"三胜"——竹、云、泉,还有"三宝"——绿、净、静。早在 20 世纪 50 年代,毛主席在游历莫干山后,就曾赋诗一首,诗云:"翻身复进七人房,回首峰峦入莽苍。四十八盘才走过,风驰又已到钱塘。"从莫干山到杭州,本有百里之遥,但诗人却有风驰电掣之感。诗人借助这种时空的急剧变化,来抒发自己的欣喜之情。现在回过头来看看,高铁的发展使湖州到杭州只需 20 分钟,可以说"风驰又已到钱塘"从想象变成了现实。

156

莫干山在中国经济学界也享有盛名。1984 年 9 月,在莫干山召开了首届中青年经济科学工作者学术讨论会,史称"莫干山会议"。这次会议被称作"经济改革思想史的开创性事件",对后来中国经济体制改革的影响颇为深远。

157

湖州德清下渚湖的别名比较多,传说这个湖曾经是"防风氏所居",所以也叫风渚湖或封渚湖;又因为"下渚"的方言发音很像是"哑子",当地人又俗称哑子湖。这个名字众多的国家湿地公园,"看家动物"是朱鹮。虽说是"看家动物",但它不会像看门狗般汪汪叫,也不会朝过路游客喊一声"此路是我开,此树是我栽",它只是以国家一级保护动物的身份,享受着鸟类中大熊猫的待遇。

158

关于下渚湖,有一个传说。相传大禹时代洪水泛滥,大禹的得力助手防风氏为了泄洪,在今天浙江湖州德清的封山和禹山之间,一脚踩出了一个湖,这个湖就是今天的下渚湖。所以,在现在的下渚湖国家湿地公园内,大家会看到一座纪念防风氏的防风祠。这个防风氏的武力值真是堪比怪兽哥斯拉了。

159

湖州长兴有个"金钉子"。这个"金钉子"可不一般,它是世界地质遗迹,是全球最完整的二叠纪至三叠纪界线层型剖面和点位,是得到了国际地质科学联合会正式认可的。也许有的朋友不明白这个"金钉子"的作用,其实这个"金钉子"就是某一特定地质时代划分对比的标准。因为地层的年代分为太古宙、元古宙、显生宙,显生宙分为古生代、中生代和新生代,每个代又分为多个纪,划分纪与纪之间的全球标准俗称"金钉子"。显然,"金钉子"不止一个,但却有大小、主次之分。二叠纪是古生代最末的一个系,三叠纪是中生代最早的一个系。所以,湖州长兴的"金钉子"既是二叠纪与三叠纪界线的标志,又是中生代与古生代之间的标志,被认为是地质历史上三个最大的断代"金钉子"之一。

160

湖州仙山湖有名就有名在它的水够清、够净。仙山湖也是一个湿地,这里鹤鹭成群,水中杨林更是难得一见的奇观,被誉为"东方的亚马孙"。仙山湖分仙山和仙湖两个部分。

"山不在高,有仙则名",仙山高 162 米,山体呈圆锥形。有关仙山的故事古老而神秘。传说唐初新罗国宫廷政变后,新罗国王子在此出家,后来成为地藏王菩萨。这个故事为仙山增添了无穷的魅力。历史上有"先有小仙山,后有大九华"的说法,也就是说九华山的地藏王菩萨是从仙山走出去的,仙山是地藏王菩萨的祖庭。

"水不在深,有龙则灵",仙湖位于仙山的一侧,下面有一条神秘的古河道和一个对应天上金星的沉没已久的古村落。

仙山湖是进入浙西北生态长廊最便捷的通道。从这里往湖州安吉方向走,沿途有中国大竹海、竹博园、藏龙百瀑、天荒坪水电站、中南百草园,往杭州临安方向走,路上有太湖源、青山湖、浙西大峡谷、大明山。

161

到了京都,要看枫叶大道,去了大阪,要看樱花长廊,其实在湖州也有这样的美景长廊,大家要不要来看看呢? 地地道道的湖州人都知道,到长兴游玩,一定要去银杏长廊。这个长廊长约 12.5 千米,一路上散落着众多的原生银杏树。每年 10 月、11 月到长兴去看银杏,都会产生一种走进童话世界的感觉。

长兴银杏长廊

162

湖州长兴有个清泉武校。创办于 1994 年的清泉武校,学生遍及全国众多城市,经常有人慕名前来学武。湖州人的雅已是全省有目共睹,近些年,湖州人骨头里的一份硬气,也越来越为人所熟知。在长兴清泉武校里,还藏着一个溶洞。如今,这个天然溶洞已经过人工开发,变成了科普教育基地,洞中有陨石馆展示区、贝壳展示区、星际馆等。有文有武,一张一弛,方显英雄本色。

163

看过由布拉德·佩顿执导,道恩·强森等主演的电影《狂暴巨兽》的人,都见识过里面巨大的蜥蜴了吧,一张嘴能咬下战斗机的家伙实在是凶悍。它的亲戚——扬子鳄在湖州就能见到。扬子鳄是湖州长兴的"金名片"之一。中国第二大扬子鳄自然保护区就在长兴,湖州人坐拥这些"史前巨兽"可骄傲了,每年都有不少孩子来这里转上一圈,看看这些大家伙,听听它们的历史。

164

说起濒危保护动物,大家第一时间想到的可能是大熊猫(2021年7月,大熊猫的受威胁等级由"濒危"降为"易危"了),的确,"国宝"大熊猫早已经家喻户晓了,而在湖州也有一种濒危保护动物——小鲵,你却不一定认得它。因为这种动物最早是在湖州安吉被发现的,故名安吉小鲵。它与扬子鳄等一起,被世界自然保护联盟列入濒危物种名录。安吉小鲵目前就生活在有"天目第一峰"美誉的湖州安吉龙王山上。

165

"吴兴富山水,弁为众峰尊",古时吴兴即指湖州,而弁山是湖州的一座名山。三国时期,吴主孙皓取"吴国兴盛"之意,改乌程为吴兴,并设吴兴郡,辖地相当于今天的湖州市全境。那么弁山和谁的关系最深呢?应该是西楚霸王项羽。据地方志记载,项羽被湖州人尊为"苍弁山神"。

166

弁山盛产太湖石。对太湖石不了解的人可能会认为湖州人实在太小题大做了,石头有什么好炫耀的呀?太湖旁边的城市,哪个不能拿出几块石头呢?其实不然。太湖石这个名头,你可能没听过,但是如果你看过《水浒传》,肯定对"花石纲"这三个字不陌生。花石纲相当于专门运送奇花异石以满足皇帝喜好的特殊运送团队,绰号"青面兽"的杨志就曾因在押送花石纲的时候丢失了花石而被迫逃亡。花石就是太湖石。北宋徽宗政和年间,太湖石以其皱、瘦、透、漏的独特造型,被特供给朝廷。据传,当年宋徽宗花石纲遗留下来的,诸如苏州留园的"冠云峰"、上海豫园的"玉玲珑"等太湖名石,均采自湖州弁山。

劫取花石纲

167

  世人都知道杭州有个西湖。但是别说外地人，连湖州人也很少知道湖州有个西湖顶。这个西湖顶在湖州市吴兴区埭溪镇红旗村境内，西湖顶其实跟杭州西湖没有半毛钱关系，纯粹是因为山顶上有块石头写着"西湖顶"三个字而得名。作为湖州吴兴区的最高峰,西湖顶常年吸引着许多越野车友前来。从知音谷到西湖顶山脚的路程约为 7 千米,从山脚到山顶的路程约为 3 千米,从山脚徒步上山,不用 1 个小时就能体会到登上吴兴区最高点的感觉。

168

有关湖州戴山的故事有很多。相传因为戴山山脚下有 9 条河沟,像 9 条银龙,所以也叫九龙山。过去的皇帝都相信有龙的地方就有龙气,明代开国皇帝朱元璋登基后,他的军师刘伯温路过湖州,发现了这个宝地。刘伯温为了破除此地的龙气,在戴山顶上建了 1 座塔。如今戴山塔已经是湖州市文物保护单位。

169

西山漾被誉为湖州唯一能与西湖媲美的湖。西山漾国家城市湿地公园之所以迷人,不单因为公园内有潘季驯纪念馆,有吴兴书画院,因为它是国家级的城市湿地公园,更是因为它的水乡气质。西山漾水体清澈,漾面开阔。西山漾国家城市湿地公园独特的"漾群落"格局仿佛一个众星拱月的棋局,除西山漾外,西山山体还被南荡漾、塔荡漾、草荡漾、诸墓漾和南塘漾等水漾环绕,犹如一个天然大盆景。这样构建出的水乡气质哪会不讨喜?

170

宋代文学家周密在其作品《吴兴园林记》中有这样的赞誉："水心尝平天下山水之美,而吴兴特为第一,诚非过许也。"作为湖州的第五大湿地,西山漾岸线形态丰富而自然,水域风貌也富于野趣,幽静天然。游客漫步其间,能体验到一种慢生活的情趣。

慢城是一种新的城市模式。与快节奏的生活方式不同,在慢城里,有更多的空间供人们散步,有更多的绿地供人们休闲,有更便利的设施供人们娱乐和享受,有更多的广场供人们交流。结合西山漾生态田园之效的吴兴田园慢城里就汇集着这世上各种流行的"慢":慢生活、慢旅游、慢运动、慢慢爱……

171

吴兴有座"小山",山如其名,只有 25.6 米高,状若土丘,与起伏连绵的西山隔吴兴大道相望。有的人还以为它是西山的支脉。其实这座山不是独立存在的,虽说它小,但是其四周还有塔饼山、西山和姚山。这 4 座山,远看像 4 个小土丘,但围拢在一起各具特色,草木繁茂,山清水秀,风景尤好。

172

义山的故事在湖州流传很广,相传徐孺子入吴经常登这座山,所以又叫孺山。这位徐孺子是东汉时期著名的高士贤人,世称"南州高士"。他"恭俭义让,淡泊明志",被认为是"人杰"的典范和楷模。当时的豫章太守陈蕃极为敬重他的人品,特为其专设一榻,传为千古佳话。于是在王勃的名篇《滕王阁序》中便有了"人杰地灵,徐孺下陈蕃之榻"的不朽名句。因为徐孺子的厚德美名,他成为湖州当地百姓崇奉的土地神。现在义山南麓还存在孺峰禅寺,每年农历二月初二是徐孺子的祭拜日,当地要举办土地会,焚香祭拜徐公,祈祷一方平安。

173

湖州也有一座蜀山,不过这个蜀山跟《蜀山剑侠传》中的蜀山毫无关系。湖州的蜀山在水路交通要道上,孤零零的,也怪可怜的。山南因为开矿已被劈成了悬崖峭壁。值得一提的是,虽然开山采矿动静挺大,但是山上还留存着一座小庙和一座竹林寺,黄墙黑瓦、竹林掩映,堪称闹中取静。能整日在开矿声中念经打坐,这里的大和尚算是真正修心的了。

174

蜀山的历史与两位名人有关。元末乱世,徐贲与张羽相约隐居于湖州的一座无名山,但是架不住隐居的人名气大,徐贲原是蜀人,所以住着住着,这山也就成了蜀山。这两人有啥成就呢?他们与高启、杨基并称为"吴中四杰"。徐贲有存世画作《蜀山图》,表现了蜀山的灵秀之气;张羽则首提"吴兴八景",并以八景之名作诗,成为描写湖州美景的"绝妙好辞"。两人与蜀山结缘,成了湖州历史上的佳话。

175

移沿山在湖州也很有名,因为它离市区近,不少湖州人休息日都会去转转,在山水中放飞自我。移沿山的山水好就好在既有自然风韵,又有古迹添趣,风景绝佳。移沿山两面临水,北有山后漾,曾是芦苇丛生的沼泽地;西南是长漾,有"湖州最大湿地"之称。山上有一座开元寺,始建于唐代开元年间,在当时可是 50 里之内香火最旺的寺庙之一。开元寺依山临水,古木荫蔽,虽然已历经千余年岁月,但仿佛"大唐气象"犹在。

176

道场山被誉为"湖州第一道场",上有江南十大名刹之一的万寿禅寺。道场山上的多宝塔非常有名,它也是湖州古城的标志之一。站在塔上,能够将湖州城尽收眼底。道场山的美景自古为人称道,万历年间的《湖州府志》还把道场山的景色列为"湖州八景"第一位。

177

很多人都听过济公运木头的故事,但是大家一定不知道,湖州道场山万寿禅寺内有一口"影木井",这可比济公的"运木井"早了 200 多年。传说万寿禅寺的开山祖师为了建寺去化缘,化的不是米饭,而是建寺的木头。由于道场山山高路陡,不好搬运,于是祖师说动了东海龙王,打了这口井,从井里运木头,又快又好。这个故事和济公大师的故事还真有几分相似。不过在古代,运力毕竟不发达,要建一座寺庙不知道要耗费多少人力、物力、财力,老百姓倒宁可相信这样的传说,相信祖师的神力,这也使得万寿禅寺的香火旺盛非常。

178

湖州的古道很多,最著名的一条要数蜈蚣岭古道了,因为这条道大约有 500 级台阶,所以当地的老百姓还把这古道叫作"五百步"。和别的古道不同的是,这条用 500 多块石板铺成的道路是官字头的,是明清时期湖州通往杭州的官道。

179

湖州的金盖山,别名云巢山,因其主峰高,四周云雾又多,日出的时候,云气散得慢,远远看去就像是个云做的鸟巢。虽然云巢胜景很吸引人,但若要看到这样的美景,肯定得起个大早了。

180

没去过湖州金盖山,都不算来过湖州。这里古时可是有"金盖二十八景"的说法,比如金盖出云、菰城晚烟,说的就是金盖山区别于其他山的美景。这些景致的名字这么好听，是有原因的。据记载，金盖山成名在六朝，而闻名全国是在宋元时期，大量的文人骚客接踵而来，留下不少锦绣篇章。颜真卿、苏东坡都曾极力称赞过金盖山的美景。

181

湖州的金盖山是道教的名山圣地。当年道教上清派的祖师陆修静就特别喜欢湖州的绿水青山。金盖山的环境不仅纯天然无污染，更是达到了空气能洗肺的程度，怪不得陆修静要在这里住下修炼，还在山上种了梅树。慢慢地，这里就成了道家圣地，扩建的宫殿也叫"古梅花观"，大概是为了纪念祖师陆修静吧。

182

岘山在离湖州城南门不远的地方，地势很高、很突兀。元代书画大家赵孟頫在《游吴兴山水清远图记》中说它"山多石，草木羽瘦如牛毛"，但所谓"山不在高，有仙则名"，岘山就是这样一座小小的名山。古代的很多名字都要避讳，岘山也不例外，原来它可不叫岘山，而叫显山，因为晋代湖州的地方官在山上建了个显亭。但是唐代有个皇帝叫李显，这下完了，山跟皇帝重名了，为了避讳，改名岘山。

183

　　岘山是湖州城南的一道美景,在古代就被称为"城南胜境之首"。近现代历史为岘山增加了新的人文景观,比如南面的辛亥革命先烈陈英士墓、旁边的革命烈士纪念碑,使得岘山成为爱国主义教育的好地方。

184

　　岘山文脉不绝,特别是在明代,这里成为诗酒结社的胜地。据记载,明嘉靖年间,刘麟、唐枢、蒋瑶、顾应祥等一批文人发起岘山逸老社,每年春秋两个社日聚会,还在岘山顶上修建了逸老堂,从而使集会活动更加隆重。岘山结社大概就跟现在的文学社起着差不多的作用,把一群志同道合的文人聚集到一起,聊文学,也聊人生。岘山结社前后达 90 余年,师友相传,时间跨度在明代的文人结社之中当为首位。

185

　　清代同治年间,杨荣绪来到湖州当知府,那时太平军之乱正逐渐平息。杨荣绪到任后本职工作做得很出色。10 年任上政绩卓著,复兴蚕桑,疏浚溇港,百废俱兴。杨知府离任时,百姓在岘山上为他树郡伯杨公德政碑,碑中写了"使君活我"4 个大字,把造福一方的杨知府比喻成刘使君(刘备),足见湖州百姓对他的爱戴。

186

湖州的美景不胜枚举，其中"碧浪浮玉"值得一提。所谓碧浪就是指碧浪湖，这个湖在岘山山脚下，东苕溪从湖中穿过，使得湖水成了活水，变得分外清澈，青山绿水吸引了历朝历代的文人骚客。苏东坡、赵孟頫、文徵明，这些名士都来过，其中就数赵孟頫来得勤，毕竟他占据了地利的优势嘛。浮玉说的是碧浪湖中的一个岛屿，远看很像一块白玉浮在水面上，所以才留下了"碧浪浮玉"这样的美称。

187

湖州城南门外鲍山的名气，据说是明代传开的。嘉靖年间，湖州大儒唐枢在鲍山上造屋讲学。唐枢是因为得罪了皇帝才回老家湖州从教的，从他教书十几年的经历来看，他可能不是个好公务员，但的确是个好老师。现在因为开山取石，与鲍山相连的九里山已荡然无存，只留其名，但鲍山却得以完好地保留下来。而比这更幸运的是鲍山因为吴兴钱氏家族的肇兴而名留史册。

188

湖州钱氏算是大家族了，因为祖上曾经住在鲍山上，所以提到钱氏，往往就是鲍山钱氏，这也和古人总喜欢把家族和自己的籍贯紧密联系起来有关。自晚清钱振伦、钱振常兄弟得中进士以来，钱氏一族名人辈出，先后诞生了晚清著名外交家钱恂、新文化运动的倡导者之一钱玄同、"两弹一星"元勋钱三强、国学大师钱仲联、翻译家钱稻孙等一批不同领域的大师级人物，成为中国近现代人才辈出的文化世家。

189

有山的地方，必少不了庙，鲍山也是如此。鲍山和东苕溪紧紧挨着，有山有水的地方环境特别清幽，是寺庙选址的理想之地。鲍山东麓有始建于唐代初年的宝峰寺，距今已有 1300 多年历史。山南即为钱氏祖居地，地名"钱家浜"早已湮没于历史当中了，但钱氏祖宅还在。

190

钱山漾是湖州重要的湖泊和湿地，20 世纪六七十年代，其大部分就被围成了军垦农场。但人们没想到的是，在漾东岸百廿亩村，发现了震惊全国的钱山漾遗址。自 1934 年在湖州考古的慎微之在这里发现新石器时代的文化遗存以来，1956—2005 年间，这里经历了 3 次大规模的挖掘。不挖不知道，一挖吓一跳，整个区域先后出土了世界上最早的蚕丝织品绢片、丝线、丝带和纺轮，这也是钱山漾遗址后来被称作"世界丝绸之源"的原因。

191

在 2005 年度全国十大考古新发现名录里,钱山漾遗址榜上有名。这个"世界丝绸之源"可不是白叫的,考古人员通过挖掘,发现了良渚文化消亡后的一种全新文化类型,考古人员暂时将其称为"钱山漾类型文化遗存"。2014 年中国考古学家在浙江湖州命名了一种新型考古学文化——钱山漾文化。学界认为,对钱山漾文化的发现和重新认识意义深远,它与年代稍晚的广富林文化一起,填补了长江下游环太湖地区新石器时代晚期文化序列中从良渚文化到马桥文化之间缺失的环节,对环太湖地区史前考古研究具有重要意义,在考古界的历史上也算填补了相当大的空白。

192

钱山漾边,有两个典型的江南水乡古村落——潞村和钱山下村,这里依然保留着不少古桥、古民居、河埠码头,也是部分古老家族的聚居之地。尤其是潞村,作为韩国慎氏的发祥地,10 年间韩国慎氏后裔已 4 次到此寻根问祖。

193

湖州城南菁山的出名,得益于一个道士。相传东晋著名道士葛洪在山上种黄菁,此山因而得名"菁山",至今山上还有很多黄菁。这位葛洪可不得了，是个神乎其神的人物，相传天下有 13 处他炼丹的地方，湖州即当时的乌程就是其中一处，菁山南侧的葛仙山就是传说中葛洪炼丹之处，并有炼丹灶、捣药臼等古迹。要是放到现在，葛洪起码得是个《百家讲坛》特约讲师和医药协会常任理事了。

葛洪炼丹

194

湖州菁山西岩有两眼泉水，泉水清澈，终年不干，湖州人都称其为"圣泉水"。不管这泉水有啥功效，管不管用，且看这四周林木青翠、郁郁葱葱，就令人心旷神怡了。

195

埭溪镇的托开山非常有意思，相传这座山是地藏菩萨最早的道场。蜿蜒数百米的登山小路藏在山林中，不经村民指路就想找到还真有些难度。古道上景色很好，虽然陡峭危险，但是溪水潺潺，别有一番风味。如果走累了，半山腰还有个"仙人洞"，附近的村民大热天会上来避暑，在洞里休息、下棋还是很舒适的。传说地藏菩萨是先来到这里，后来才经过长兴的仙山到安徽九华山去的。

196

杼山最精彩的历史当数中唐时期。"茶圣"陆羽流落到吴兴，寄宿在杼山妙喜寺，与著名诗僧皎然结识，从此成为"缁素忘年之交"。此后，陆羽以毕生精力撰写完成了世界第一部茶叶研究专著《茶经》。禅隐于此的皎然则有《茶诀》问世，并提出"三饮便得道"，成为茶道第一人。其间，著名书法家颜真卿到任湖州刺史，与陆羽、皎然成为好友，常在杼山雅聚，诗文唱和。颜真卿也在陆羽等名士的协助下，于杼山编纂完成文字音韵学巨著《韵海镜源》。这也算是文学爱好者之间互相印证、共同提高的最好示范了。

197

湖州的霞幕山,因人成名。元代的时候,佛教临济宗的石屋清珙禅师来到这里修行,一住就是 40 余年。石屋清珙的名气大,当年高丽的太古愚就慕名到湖州来参谒石屋清珙,拜师求他传授佛法。说来也巧,太古愚和大师很投缘,一来就在山上住了大半个月,不仅学到了佛法,还继承了大师的袈裟和禅杖。后来太古愚成了朝鲜半岛上临济宗的第一人,还成了国师。所以现在湖州霞幕山还是韩国佛教太古宗的祖庭,地位不是一般的高。

198

霞幕山作为韩国佛教太古宗的祖庭,山顶上的天湖庵对于太古宗来说也是朝圣的所在。遗憾的是,经历了这么多年,天湖庵的南、中、北三庵早就不复存在了,唯一留下的只有南庵旧址上重新建起来的云林禅寺。

199

"西塞山前白鹭飞,桃花流水鳜鱼肥",张志和这首词里描绘的场景就在湖州。湖州的西塞山一带有山有湖,风光独特。因为和苕溪相连,所以湖里的鱼虾特别多,能引来白鹭捕食。有鱼有虾,怎么少得了渔夫呢?在安静的天地里泛舟垂钓、吟诗作画是文人们最喜欢的事之一,不仅有趣,还显得特别高雅,所以历代来西塞山隐居的士大夫不少。

西塞山垂钓

200

说到西塞山,不得不说张志和。这位老兄在西塞山隐居的时候,创作了脍炙人口的《渔歌子》一词:"西塞山前白鹭飞,桃花流水鳜鱼肥。青箬笠,绿蓑衣,斜风细雨不须归。"这首词不仅在中国影响力很大,还传播到了国外,日本嵯峨天皇还为这首词写了 5 首和词。这要归功于张志和所体会到的真情实感,和一般士大夫坐在家里吟诵些莺莺燕燕、无病呻吟的句子不同,他的词按照现在的话来说,就是特别接地气。

201

西塞山的美景深受人喜爱,甚至有人还想在死后继续欣赏。明代的工部尚书严震直就告诉家里人,如果自己驾鹤西归了,一定要把他埋葬在西塞山。后来他的家人完成了他的这个心愿,严震直墓俗称"严家坟",后因开矿取石被毁。

202

西塞山、栖贤山、妙峰山三山相连,向南名妙峰山,朝西北是西塞山,面东即栖贤山。三座名山紧紧相连,就像连体婴儿一般。栖贤山因相传春秋战国时期管仲后裔逃到此山避难而得名。栖贤山上有个仙人洞,关于这个仙人洞也有个传说。相传元代末年全真教在南方的首领庞隆不愿意入朝为官,宁愿躲在此山中享用清茶一杯。附近的村民感觉他仙风道骨,纷纷称他为仙人,于是他隐居的洞窟也就成了仙人洞。可见像庞隆这样因为气节选择隐居的人在当时是很受敬仰的。

203

湖州栖贤山上有一个仙顶寺,听这名字就挺仙风道骨的。寺内有一棵高大的千年银杏树，相传是南朝梁昭明太子萧统亲手种的。这棵银杏能活这么久，被来进香的善男信女视为神明护佑的标志。

昭明太子和银杏树

204

在湖州东北角有一座垄山，据史料记载，垄山上有紫石英矿石。紫石英矿石可是个好东西，侵华日军占领湖州的时候就曾开采过紫石英矿石，山上还遗留有日军开采的遗迹。抗日战争胜利后，这里不再进行开采。因为这里具有良好的自然生态环境，引来成群白鹭筑巢，成了白鹭栖息的天堂。每天伴随着晨曦与晚霞，美丽的鹭鸟在山林间翩翩起舞，成为一道亮丽的风景线。

205

苕溪是浙江八大水系之一，是太湖流域的重要河流，进入秋天，芦花飘散，水上如飞雪，引人注目。湖州百姓称芦花为"苕"，苕溪之名就由此而来。苕溪有东苕溪和西苕溪两条支流。

东、西苕溪是流经湖州的主要河流。这两条苕溪有"姐妹溪"的说法，不仅在湖州，还在流经的东部平原其他地方化作许多河港湖泊。湖州也正是因为有这一对"姐妹"的存在，变得"水灵灵"的。

"姐妹溪"东、西苕溪

206

东苕溪又名龙溪、仇溪、余不溪，发源于临安东天目山，湖州境内有埭溪、菁山河、山水河、泉科河、妙西港等诸水汇入，沿路经泉佳潭、菱湖镇、和孚镇、钱山漾抵湖州城东南，穿过荻塘，经三里桥港、大钱港入太湖。1958年兴建东苕溪导流工程后，导流经横山、鲍山直达湖州城南，与西苕溪汇流于湖州城西的杭长桥。

207

西苕溪又名龙溪港，发源于安吉县内。由安吉、长兴进入吴兴区内，有瓜山港、雪泉港等支水汇入。经塘口后折东至雪水桥，分两支，干流向东南流至七里亭，向东至杭长桥与东苕溪导流汇合。一支为旄儿港，折东北流经九九桥、腊山至白雀塘桥，通往机坊港。东、西苕溪合流后，流经环城河、机坊港，于白雀塘桥汇旄儿港来水，北流南皋桥，至小梅口入太湖。另一支流经机坊东港，经新开河、梅渚漾，北流长兜港入太湖。

208

湖州城东有一座毗山，有意思的是山上有一块石碑，刻着"浙北第一山"五个字。传说元末朱元璋命徐达等人率大军攻打湖州的张士诚部，名将常遇春曾"九败毗山"。看来"浙北第一山"说的并不是毗山的高度,而是毗山的奇特。每每遇到骄傲自满的人,湖州人就会让他来看看毗山。

209

毗山出名还有一个原因,就是考古。20 世纪 50 年代末、90 年代中期和 21 世纪初,考古人员先后在毗山周围发掘出大量新石器时代至商周时期的文物。2013 年,毗山遗址还被列为第七批全国重点文物保护单位。据说,毗山遗址公园的建设规划已被列入政府重要议事日程。2013 年,毗山遗址成为第一批浙江省级考古遗址公园。所以每当有人谈到兵马俑、曹操墓时,湖州人就会想起家乡的毗山。

210

毗山一峰独秀,又紧临湖城,是登山览景的绝佳去处。南宋周密曾在游历后感叹:"下瞰太湖,手可揽也。"山顶有个佛寺,名慈云寺,原是潘季驯家庙,主供缅甸大玉佛。每年农历二月廿九观音生日,数以万计的善男信女都会来踏青游玩,登山祈福。这一风气由来已久,已成为湖州民间风俗之一。

211

升山坐落于湖城东郊,这座山的山名,来头也不小。据史料记载,王羲之当吴兴太守的时候,公务之余都会和朋友登临郡城东郊的一座小山。有一次上山后，这位王大人颇有感慨，问周围的人："百年之后，有谁知道我与诸位曾游览于此？"没想到还真就有人记得，不仅记得这件事儿，连他脚下的山都一块儿被载入史册了。就因为著名书法家王羲之曾登山会友，所以人们记住了这座山，后来路过这座山的游人往往也会上去转转，沾点文气。

212

如果你认为升山被世人记得仅仅是因为王羲之，那就错了，升山虽是一座青螺髻般貌不惊人的小山，但却留下了不少文史佳话。南宋著名画家赵孟坚和它也有关系。相传赵孟坚嗜好收藏书画古物，常用一只船载着书画文物、笔墨纸砚等东游西走，评赏书画古玩，吟诗作画，时人称其舟为"赵子固书画船"。据说他在开庆元年(1259)曾得书法珍品《定武兰亭序》，一日夜间泛舟至升山，突然狂风大作，小船倾覆。这位仁兄可是个收藏"痴人"，他竟然不顾自己也要保护珍品，大叫着："兰亭在此，余不足惜也。"后来还因此题了 8 个字在卷首："性命可轻，至宝是保。"这本《定武兰亭序》也因此被后人称为"落水本"。后来到了明万历四十一年(1613)，58 岁的大书画家董其昌浮舟升山脚下，不禁联想起历史上赵孟坚守护《定武兰亭序》的故事，感慨之下绘就一幅《舟泊升山图》。这画作山色淡远，湖光粼粼，配上董氏流畅的行笔、空灵的行款，间接又成就了这座山。

213

除了深厚的人文底蕴,升山在抗战时还有过一段英雄史诗。升山紧靠陆路交通要道,又贴近长湖申航道,正处战略要冲。抗日战争全面爆发后,为掩护淞沪会战部队西撤,国民革命军第七军(属桂军)170师和 172 师星夜驰浙,抢先占据湖州的布防。在那场惨烈的吴兴阻击战中,桂军子弟在升山一带拼死抵抗,凭借血肉之躯截击暴寇,为大军安全西撤赢得了宝贵的时间。1946 年 4 月,何应钦编著的长达 10 余万言的《八年抗战之经过》中就特别提到了抢占升山的作战。升山在抗日战争中留下了浓墨重彩的一笔。

214

湖州古时候也叫"乌程",为什么叫这个名儿,还有个小故事。原来秦朝的时候,这里居住着乌巾和程林两个大家族,两家都非常擅长酿酒。英雄豪杰少不了酒,红白喜事也少不了酒,行军打仗前更是要喝酒壮胆。擅长酿酒并且酒味道不错的话,很快就能打出名气。传说此地有奇妙的龙眼双泉,泉水非常清澈,这和此地盛产美酒不无关系。

龙眼双泉

215

　　湖州东林山古时被认为风水极好,因为这山的山势好像一只趴着的狮子,而在它的西北角还有个绣球山,形成了所谓的"狮子滚绣球",据说是极好的,能出贵人。能不能出贵人咱们无从考证,但是山水清远,的确能给住在这里的湖州人带来福利。

216

湖州的绿水青山不仅现在受欢迎,在古时也是颇有名气的。南宋著名文学家王质在湖州逛东林山的时候,就写下了一篇《游东林山水记》。他是想凭借此文与苏轼的文章相媲美的,但苏轼到底是苏轼,王质的文采还是略逊于他。不过,王质的这篇文章,证明了古代湖州就有山水清远的美名。

217

在很多文献里,我们可以看到湖州东林山被叫作蓬莱山。古时候蓬莱山可是仙山,所以历代文人都喜欢来这里逛一逛,或者干脆在这里隐居。明洪武年间,沈伦彝在《东林山记》中就写道:"一水环涵,周行不过数里,上插浮图,下建塔院,风景四围空阔无际,胜概于此为多。"

218

湖州山多水清,要说湖州的名山,感觉几天几夜都说不完。杼山在唐代已有此名,又因为山南有宝积寺,因而也叫宝积山。《吴兴志》记载:"(杼山)山高三百尺,周回一千二百步。"跟湖州西部的崇山峻岭相比,杼山可以说是"小弟弟"了。杼山虽小,却是一座"其山胜绝,游者忘归"的名山。自晋代以来,杼山就已是湖州城西南令游人流连忘返的山水胜地。古往今来,鲍照、张志和、叶梦得、张羽、凌濛初等诸多文人雅士曾游历此地。历代地方志对杼山的名胜古迹均有记载,最值得一提的杼山之游,当数明崇祯九年(1636)季秋,著名小说家凌濛初应表兄潘朗士之邀,一同出湖州南门后经碧浪湖,过庚村、夹山漾,沿道场山西北麓,一路水陆兼程向西南观赏风景,然后登览了人文厚重的杼山。凌濛初抚今追昔,感怀伤事,写下了2000余字的《游杼山赋》。文中描写了杼山一带的风景古迹,特别是碧浪芙蓉、道岩宵光、霞幕高秋等"郭西湾八景",为后人考察杼山的地理位置和人文景观提供了依据。

219

说起城市绿肺,那作用可大了:净化空气,缓解污染,调节气温。湖州的长田漾就是一个城市绿肺。长田漾位于太湖旅游度假区西南部,是江南地区距城市最近的湿地。目前,一个以长田漾生态湿地为核心,以鱼米之乡、民俗风情为内涵,以湿地村庄为依托,集生态保护、科普研究、环境教育、观光农业和休闲度假等功能于一体的湿地公园已经建成,湖州人周末休闲又多了一个好去处。

220

湖州人在湖州市区开车,经常能看到的建筑物是什么?高楼大厦自不必说,除此之外经常看到的是一座山上的一座阁。山叫仁皇山,阁是仁皇阁。原来仁皇山也不叫这个名儿,古人看这山的形状像只展翅的凤凰,就叫它凤凰山。后来,唐代高僧文喜禅师来这里建了个庙,取名仁王寺。文喜禅师和皇帝很熟,皇帝就给"批示",所以山也跟着寺叫仁王山了。在古代吴语地区,王和皇的发音差不多,叫着叫着就变成现在的仁皇山了。

221

仁皇山算是位于湖州的中心地区了,除了旁边的腊山以外,它的东侧还有潜山。潜山出产一个好东西,就是太湖石。太湖石是中国四大奇石之一,深受古代的达官显贵喜爱。这太湖石经过自然界长时间的侵蚀和打磨,姿态万千,非常好看,也很受文人墨客的青睐。唐代宰相牛僧孺就特别喜欢太湖石,一休息就要把玩。到了宋代,因为向皇城押送太湖石耗费了大量的人力、物力、财力,百姓不堪重负,因而爆发了农民起义。

222

东苕溪与西苕溪发源于天目山,分流至湖州市区,汇合后溪水湍急,霅然有声,所以叫霅溪。霅溪自定安门流入湖州城中,自南向北经潮音桥、甘棠桥、骆驼桥、临河桥,最后注入太湖。城中这一段霅溪全长约 3 千米,分为新开河、馆驿河、务前河。关于霅溪的诗歌,有宋代梅尧臣的《依韵和乌程子著作四首其二霅上二首》存世。现在市区骆驼桥至临河桥段建有霅溪公园,唐代颜真卿在湖州当政的时候还建过霅溪馆,现在已经在衣裳街历史文化街区馆驿河畔复建,并成为湖州古代贤守纪念馆。

苕溪与霅溪源出一脉，自古以来就是湖州的主要河流。因此，历代往往以苕上、霅上、苕霅、霅川等作为湖州的别称。

223

湖州东门有个荻塘，一直延伸到京杭大运河，是大运河重要的分支之一。荻塘开挖时间早（西晋就有了）、成名时间早（唐代就成为水上交通要道）、整治时间早（因为各类堵塞，建成后马上进行了整治和疏浚）。除了是沟通杭嘉湖沪的水上交通要道外，还成了湖州的一道美景。昔日的"荻塘帆影"还是吴兴十景之一。

224

湖州的南浔古镇（南浔历史文化保护区）面积可不小，总共约1.68平方千米，能游玩的地方也挺多。园林可以看小莲庄、嘉业堂和文园；故居可以看张石铭故居、刘氏梯号、张静江故居和百间楼。在这里行走仿佛回到了过去，古镇风情能让人沉浸在充满水乡特色的民俗文化中。

225

现在许多导演拍新片时，为了向前辈致敬，会特意模仿前辈影片中的桥段。在湖州，也有类似的情况。南浔"四象"之首刘镛的私家花园叫小莲庄，因为他仰慕元末湖州籍书画家赵孟頫，所以特意仿照其

住所莲花庄建造了小莲庄。但如今,小莲庄和莲花庄的名气已经一样
大了。

226

　　紫砂壶自古就以"泡茶不走味、贮茶不变色、盛暑不易馊"的特点
而闻名,在古玩界算是一枝独秀了。与钱币、瓷器这类物品相比,紫砂
壶更接地气,因为钱币、瓷器这类收藏品只能看不能用,紫砂壶却兼具
观赏性和实用性。据考,中国最早的紫砂器具就是在湖州长兴被发掘
出来的。多少年来,古玩界一直推崇无锡宜兴紫砂壶,却不知湖州还
有它的"姐妹"长兴紫砂壶。从宋代到现在,因为矿脉相连,两地间的
"姐妹关系"一直都存在。

长兴紫砂壶与宜兴紫砂壶

227

湖州的狐狸精传说很多，古书就记载说"吴兴多狐而畏敬之"。去过日本旅游的朋友会发现，由于受中国影响，日本的狐仙故事流广泛，狐狸和其他动物修炼成精的传说，在日本盛行的程度不亚于中国，日本人甚至将狐狸视为稻荷神的使者。湖州人信狐仙，把狐仙称为"大仙""大仙公公"，如果哪位文学大师能把这些故事搜集整理出来，想必并不逊于《聊斋志异》。

228

我隐隐约约记得上幼儿园的时候，湖州的丝绸企业很发达，丝厂和绸厂的工人下班出厂，那气势可不得了，还能分到房。后来我读小学了，感觉丝绸厂工人的工资并不是那么高，住的小区也有些破旧，渐渐有些失势。不过从2015年湖州钱山漾遗址获得"世界丝绸之源"的名号以来，湖州的丝绸业又展现出一幅崭新的景象。丝绸小镇的每个人脸上都洋溢着当年那种灿烂的笑容。湖州出产的丝绸精品最终亮相米兰世博会，让世界各地的游客感受到了来自遥远东方、"世界丝绸之源"的独特魅力。

229

湖州是丝绸的故乡，自古被誉为"丝绸之府"。早年湖州的丝绸产量大得惊人,丝绸业最发达的时期,一个小镇一年缴纳的丝绸税就接近 50 万两黄金。

230

老实说,每到一处,人们问得最多的就是这里有啥好玩的,有啥好吃的,有啥特产。湖州的特产很多,包括吃的、用的、玩的,但是说到闻名全国甚至是全球的,那就是丝绸。1851 年在英国伦敦举行的首届世界博览会上,出自湖州辑里村的湖丝被英国维多利亚女王亲自授予金奖。而在浙江省博物馆的展厅里,静静地躺着一片岁数很大的丝绸,其岁数大到什么程度呢?足有约 4200 岁。如果你在展厅中看到它,它或许会悄悄地告诉你,它来自湖州城东南的钱山漾文化遗址。它更会十分骄傲地告诉你,正因为它的出现,学术界才将"世界丝绸之源"的"牌子"给了湖州。

231

江南地区自古盛产丝绸,其中湖州的丝绸因为质地好,穿着舒适,从古至今为各国人民所青睐。2016 年,意大利探险家卡斯特拉尼所著的《中国养蚕法:在湖州的实践与观察》中英双语版出版,并在湖州举行新书首发式。这本书讲述了 19 世纪中叶,卡斯特拉尼不远万里来到湖州,探寻桑蚕养殖和丝绸制作技术的故事。这也成了近代史上中西桑蚕丝绸文化交流的一段佳话。

232

小孩子刚出生的时候，都见不得风，但是大热天的也需要降温，一般的扇子肯定是不行的，这时候湖州羽毛扇就闪亮登场了。羽毛扇因为柔软润泽、风量柔和，一直备受带婴儿的家长们的喜爱。早在1985年的时候，湖州羽毛扇就在全国扇子质量评比大赛中得过金奖哦。

许多慕名而来的人都想知道湖州羽毛扇到底好在哪里，为啥有如此功效。这时，老一辈的湖州人就会讲起一个有趣的神话故事。相传八仙之一的吕洞宾曾经在湖州城内骆驼桥下卖汤圆，他用桥下的水煮汤圆，特别好吃。做扇子的人发现这个秘密后，就留了心眼，用他煮汤圆的水来洗刷羽毛扇的羽毛，没想到洗过的羽毛不同凡响。虽然这只是湖州老人间口口相传的一个神话故事，但是羽毛扇的精致可是有口皆碑的，至于制作方法，那可是绝密。

233

中国的文房四宝"笔墨纸砚"中，笔是占第一位的，可见其重要性。湖州产的毛笔更是因为制作工艺精湛、历史悠久而成为笔中之冠。湖州的毛笔主要产自古镇善琏。在清代，善琏就有数千住户，这里家家户户都会制笔，从历朝历代发展而来的湖笔制作工艺在那个时候，几乎达到了极致。那时，善琏是全国的制笔中心。那个时候的读书人可没有铅笔、圆珠笔、钢笔可以选择，靠的就是一支毛笔，拥有一支湖笔可是跟现在有个名牌包包一样气派呢，这也使得湖州在文人心里的地位提升了好几个档次。

234

在"丝绸之府"湖州,采摘桑葚是不少人年少时的难忘记忆。5月是桑葚成熟的时节,仿佛空气都变得酸酸甜甜的。湖州有不少地方可以体验桑葚采摘。桑葚不仅可以直接吃,还能酿成桑葚酒。

除了果实能吃,作为本体的桑树也是个宝贝。聪明的湖州人将地势低下、常年积水的洼地挖深变成鱼塘,挖出的塘泥则堆放在水塘的四周作为塘基,上面种上桑树,桑叶可以拿来养蚕,逐步演变为"塘基上种桑、桑叶喂蚕、蚕沙养鱼、鱼粪肥塘、塘泥壅桑"的桑基鱼塘生态模式,最终形成了种桑、养蚕和养鱼相辅相成,桑地和池塘相连相倚的典型的桑基鱼塘生态农业景观。

桑基鱼塘

235

湖州安吉以盛产竹子出名,国务院前总理李鹏曾亲笔题词"中国竹乡"。这里最有名的竹林要数"中国大竹海",它是以安吉县五鹤村为中心的一片面积达666.7万平方米、以毛竹为主的林地,现已成为中国东南部最大的竹文化生态休闲旅游区。竹历来为文人所推崇,大文豪苏东坡也曾写下"宁可食无肉,不可居无竹"的诗句,可见竹子在文人骚客眼中的地位还是挺高的。湖州安吉的大竹海给人这样的感觉:置身其中,心旷神怡,宠辱皆忘。

236

湖州人都喜欢喝茶,甚至连茶圣陆羽都要留在湖州撰写《茶经》。湖州的茶种类繁多,陆羽每天不仅可以品白茶,还能品紫笋,喝莫干黄芽。一个小小湖州城里,好茶不少,怪不得陆羽说啥都要留在这里。湖州长兴的顾渚山也与茶文化密切相关。顾渚山下有一泉,叫"金沙泉",此泉在唐代十分出名。《新唐书·地理志》中记载的湖州土贡中就有此泉水。顾渚紫笋茶是唐代的贡茶,现今顾渚山侧重建了大唐贡茶院。

237

马口鱼是一种珍贵的淡水鱼,俗称"桃花鱼",属于溪流性鱼类,喜欢生活在水温较低,有水流和水草的水体中上层,对水质要求较高。

近年来，这种鱼在长兴合溪水库有发现。这就跟桃花水母的出现是一个道理，水质好了，它们就来了。据说，这个水库建设是个大工程，曾被列入《"十五"期间全国大型水库建设规划》，看来湖州人虽然悠哉，但是办大事时也绝不含糊。

238

黑麂的"麂"念什么，很多人可能不知道，但是不少湖州人都知道了。因为湖州近期又发现了一种珍稀保护动物，这种动物就是黑麂。它属于鹿科麂属，是麂类中体型较大的种类，发现的地点在湖州安吉。黑麂是中国的特有物种，没有亚种分化，分布范围十分狭小，为中国一级重点保护野生动物，世界自然保护联盟（IUCN）将其列为易危动物。黑麂胆小怯懦，恐惧感强，大多在早晨和黄昏活动，白天常在大树根下或石洞中休息，稍有响动就立刻跑入灌木丛中躲藏起来。即便如此，黑麂还是没有摆脱偷猎者的毒手，现存的黑麂数量越来越少。如今在湖州发现它们，可见湖州的生态环境保护工作做得的确不错哦！

239

湖州有没有鹿？答案是：有。湖州市安吉县报福镇报福村的村民就发现过一头野生梅花鹿。在湖州以"鹿"来命名的还有一座山，叫鹿山。不过鹿山不在安吉，而是在湖州城南郊。或许，在古时，湖州城南郊有不少野生梅花鹿，可惜已经无从考证。不过随着湖州的生态环境越来越好，野生梅花鹿应该还会再现。

240

通过火烧山遗址和亭子桥遗址的考古发现,专家认为湖州德清地区是商周时期的制瓷中心,是中国瓷器的发源地。从德清目前的考古调查可知,隋唐时期的德清窑址大概有 14 处,可以想见当时德清窑的产量非常大。这么大量的产品是不可能就近销售完的,只可能是销往外地甚至海外。恰好距离德清不算太远的青龙镇(现属上海市青浦区)就是唐代重要的贸易集散地和港口,从窑址经东苕溪到太湖再沿吴淞江到青龙镇,或者经水路到隋唐大运河再转入吴淞江到青龙镇,路程全长有 200 多千米,船运的话十几个小时就能到达,可以大大节省运输时间和运输成本。另外,德清生产的瓷器也可经大运河运到另一个大港口扬州,再转销到全国各地及海外。

241

提起湖笔,湖州人都是满脸的自豪。对于喜爱书法的人来说,一支做工精巧的湖笔,可算是一件宝贝了。小小的湖笔,究竟有怎样的玄机,以至于成为文房四宝之首,可以历经 700 多年的时光,依然为文人墨客所钟爱?原来一支手工制作的湖笔,从选材到制作完成,要经历 12 道大工序、120 道小工序,可见其制笔技艺的繁复。

242

　　"安且吉兮"的湖州安吉,享有"中国第一竹乡"的美誉,许多安吉人祖祖辈辈都靠着家门前那一望无际的竹林谋生。湖州的竹子很多,据说全国 1/10 的竹子都长在这里。随着中国加入 WTO,竹制品市场的触角伸到了海外。竹子环保可再生的优势点燃了外国人对竹地板的消费热情,几年间,中国竹地板风靡欧洲和美国市场。竹席、竹扇、竹碗,甚至用竹子做的手表带,都备受海外市场追捧。

竹乡盛产竹制品

湖州有意思

243

以大竹海闻名的湖州，毛竹林带来的经济效益可不一般。在应用了毛竹覆盖技术后，大多数竹农成功实现了"春笋冬出"。看着一担一担黄澄澄、沉甸甸的春笋被运往周边各地，附近的村民都开玩笑道："毛竹盖一盖，一亩增收一万块。"

244

金庸偏爱湖州美食。仔细看便能发现，在金庸的作品里，好几次都提到过湖州美食。地道的湖州人，秋冬吃羊肉面，春夏吃千张包，闲时来碗青豆茶。湖州人在吃上富有创新精神，比如长条四角形粽子就是湖州特有的粽子品种。虽然现在湖州粽在浙江省内的名声没有以五芳斋为代表的嘉兴粽大，但是在台湾地区湖州粽还是很受认可的，不少台胞来到湖州，提得最多的，就是要带点湖州粽回去。

245

一壶黄酒，三两知己，四五只蟹，对月当歌，即便是文人雅士亦化身老饕，越喝越有滋味。有"碧波三千顷"的太湖环绕，湖州人很有口福。秋天到湖州，最美的一件事就是到太湖上吃大闸蟹了。秋天，这些大闸蟹以最肥美的姿态"飞"入万千百姓家。此时，也有许多吃厌了海鲜的台州人、温州人、宁波人，巴巴地赶来湖州一饱口福。

你们也喝醉啦?

菊花酒和太湖大闸蟹

246

　　湖州有四大家鱼——青鱼、草鱼、鲢鱼和鳙鱼,还有四大河鲜——鳝、鳖、龟、鳅。对湖州人来说,可以享用的美味可真不少。

247

湖州人喜欢吃鱼,湖州人说"正月鲈,二月鳊,卖田卖地也要尝",一方面说明湖州人做人想得开,为了这一口美食,连卖田卖地的事儿都干了,另一方面也说明湖州的鱼那是真真好吃啊。

248

湖州人吃过的好东西多,嘴巴很刁,吃鱼更是挑剔,什么季节吃什么鱼都很有讲究,不能乱了分寸:"正月鲈,二月鳊,菜花鲤鱼桃花鳜,黄梅季节吃鲌川,夏食黑鱼抱籽虾,秋尝鳗鲡冬食鲢,除夕夜宴辣鱼头,逢年过节青草鳊。"

至于鱼的哪个部位最肥美,湖州人也知道得一清二楚:"鳙鱼头,青鱼尾,草鱼肚档,鲫鱼背。"

湖州人还把鱼分为三六九等:"白鱼为上,鲈次之,鳜再次。"要知道,这鳜鱼是张志和的最爱,他念念不忘"西塞山前白鹭飞,桃花流水鳜鱼肥"。可是湖州人只把鳜鱼排在"再次"的位置,这让张志和情何以堪啊。

249

说起鱼,湖州最著名的要数"太湖三宝":白鱼、银鱼和白虾。因其皆是白色,又称"太湖三白",可算是真正的"浪里白条",其味道鲜美,令人齿颊留香。"三宝"味美,价格一路飙升,不过从 2020 年 10 月 1

日起,太湖要禁捕 10 年。

比起"太湖三宝",湖虾算是更大众一些的湖鲜了。烧湖虾的人不难发现,湖虾一入锅即曲身弯腰,于是湖州话中就有了"弯转"这个形象的词语来指湖虾。随着太湖禁捕,湖虾价格上涨明显。太湖禁捕是为了更好地保护当地的生态环境。想当年颜真卿任湖州刺史的时候,与张志和曾吃过长达五六寸的鳑鲏。这鳑鲏是小鱼,大多长不过寸许,据说以前的湖州是很多的。今天别说五六寸长的,就连小鳑鲏都快被吃尽了。

250

来湖州吃过湖虾的人都知道,湖州人会把湖虾叫作"弯转",那么为什么要这么叫呢?很多第一次来湖州的朋友往往会回答,不就是因为它烧熟了以后是弯过来的嘛。说对也对,其实关于这湖虾的叫法还有个故事呢。说是明代的时候,湖州来了一个新知府,新官上任,当然得好吃好喝伺候着,于是乌程和归安两个县的知县就为他接风洗尘。这新知府来自山区,哪吃过这么新鲜的湖鲜啊,一时间喜欢得不得了,最喜欢的还是那盆湖虾。

过了不久,知府的馋虫爬出来了,又想吃湖虾了,但是这位老兄没记性,忘记那天酒宴上知县跟他说的菜名了,只知道是个弯弯的食物,于是就跟底下人比画了一下。

这个下人一脸蒙,那天知县请客,底下人可没资格吃啊。好在那个时候每个官都有一个师爷,师爷脑子活络,一听底下人那么一比画,好嘞,就是湖虾了。

知府要买,那还有买不到的吗?解了馋虫的知府老兄吩咐下人,一有湖虾上市,就给他买来吃。于是下人就和捕鱼的说好了,每天一大早虾一到就送到衙门里来。渔夫是进不去衙门的,只得每天在门口喊"弯转老鱼"来了。一听到吆喝,那下人就会出来买,毕竟是大人要的吃食,谁敢怠慢?久而久之,湖虾也就慢慢和"弯转"画上了等号。

251

如果你吃过湖州的特色百鱼宴、长兴板栗、丁莲芳千张包子、周生记馄饨、诸老大粽子、双林子孙糕、野荸荠橘红糕、震远同茶食三珍(玫瑰酥糖、椒盐桃片和牛皮糖),却没有吃过湖州的熏豆茶,那也算不得吃遍湖州。

湖州的熏豆茶,据说是丈母娘招待女婿用的。这熏豆茶色、香、味俱全,用料讲究——白色的芝麻,金黄的桂花,橙色的陈皮和丁香萝卜干,紫色的紫苏,绿色的茶叶和熏豆,褐色的笋干,青色的橄榄,泡出来五颜六色煞是好看,喝起来味道也不是盖的。

作为湖州的特色茶饮,熏豆茶是有故事的。传说当年防风氏是与大禹同时期的另一位治水能人。当地百姓曾用橘皮、野芝麻泡茶,为他祛湿驱寒,另以土产烘青豆佐茶。防风氏性急,将豆倒入茶中,连茶汤带烘豆一口吃。这样吃了以后,防风氏更加力大无穷,治水业绩更加辉煌。这种饮茶习俗沿袭了2800多年,被1200多年前的唐代茶圣陆羽记载下来,从此湖州人吃熏豆茶越来越讲究。

湖州熏豆茶

252

湖州有"四大名点"之说,这"四大名点"分别是丁莲芳千张包、周生记馄饨、震远同酥糖、诸老大粽子。丁莲芳千张包相传是清光绪年间由湖州菜贩丁莲芳发明的。据说丁莲芳原来生活相当艰难,因为实在难以糊口,29岁那年就想着转行。所谓"树挪死,人挪活",他的脑子还是很好用的,想着民以食为天,做小吃是最稳当的。那么究竟做什么小吃好呢? 这可难坏了小丁,毕竟烧饼、豆浆、油条啥的,做的人已经很多了,现在才开始做,一定没有竞争力,还是要饿肚子。于是他就想创新一下,创造出新的吃食,引起大家的注意。他的创意就是千张包,用千张和猪肉为原料,裹成长方形的包子,并配上细丝粉同煮,做成千张包子丝粉头。没想到生意超好,吃过的人都赞不绝口。一传十,十传百,很快就成了湖州的热门小吃。

湖州"四大名点"

253

说起湖州的周生记馄饨,那可有个励志的故事呢。据说周生记的创始人周济相看到丁莲芳的生意红火,就想着沾沾光。但是借鉴的毕竟是借鉴的,周济相的千张包店很快就开不下去了。但是成功往往青睐有创造力的大脑,这位周兄弟虽然复制丁莲芳失败了,但是他不服输,会总结,又在丁莲芳千张包店的斜对面开了一家馄饨店,不仅以自己的名字命名为"周生记馄饨店",更是打出了"湖州只有一家的鲜肉笋衣大馄饨"的广告。果然,生意做得好,广告很重要。鲜美的滋味、精细的制作,加上巧妙的广告,让周生记馄饨一下子就打开了市场。一炮而红的周生记馄饨逐渐走上正轨,在江浙一带小有名气。

254

酥糖其实不是糖,而是一种酥。古人喝茶都会吃一点茶点,跟现在的人去茶室喝茶一样。古人的茶点是很丰富的,比如唐代有资料记载的茶点就有饼类、馄饨、粽子、胡食、酥类等等,但这仅限于官宦之家,老百姓吃来吃去还是那几样。于是湖州菱湖人沈震远就想给大家换换花样,做起了酥糖。他做的酥糖口味很多,如玫瑰馅、芝麻馅、椒盐馅、豆沙馅等。而且沈震远做的酥糖不仅花样多,口感也不错,久而久之影响就大了,以至湖州人每逢喝茶就要吃酥糖。

作为茶点的一种,酥糖有着"茶罢一块糖,咽而即消爽,细嚼丹桂美,甜酥留麻香"的美誉,历代为人所称赞。

255

说起湖州的老字号,震远同算一家。其实震远同不单单是靠酥糖起家的,创办人沈震远的绝活多得很。除了酥糖外,他拿手的还有椒盐桃片和牛皮糖,这两样与玫瑰酥糖合称"茶食三珍"。沈震远无论所用原料还是制作,都十分用心。举个例子,玫瑰酥糖要以玫瑰花、白糖、芝麻和面粉为原料,经过 3 个步骤和 18 道工序制成,这样复杂的技艺,没有个三年五载很难学成。

所以那时候的士绅官员往来,商人洽谈,走亲访友,大都以"茶食三珍"作为礼品。现在喜欢送这些的大都是上了年纪的老人。

256

俗话说"人比人得死,货比货得扔",这用来形容湖州的诸老大粽子是再好不过了。"不怕不识货,就怕货比货",跟其他地方的粽子相比,诸老大粽子色、香、味俱全,怪不得早在 1929 年的中国杭州西湖博览会上,诸老大粽子就作为湖州的名产获得优质土产奖。

257

长兴出产的白果品质上佳,是宋代的贡品之一。白果又称银杏果,是浙西干果的"三珍"之一。白果以入药为多,据说有延缓衰老的效果,怪不得皇帝这么看重。只可惜白果性凉,不能多吃,一般小孩子要吃,大人们总会叮嘱少吃点,一餐吃三四个就够了。

258

长兴的白果在宋代成为贡品,板栗则在明代成为贡品。看来皇帝都特别会享受,哪里有好吃的,各地地方官都会巴巴地往上送,而皇帝一尝,只要觉得不错,大笔一挥,就列为贡品。一旦成为贡品,上送的官员就可以平步青云,当地土产的价格也会跟着翻几番,本地的老百姓就难享口福了。但是现在不同,以前皇室才能享受的贡品,现在分分钟可以让你吃到饱。板栗可以生吃,也可以烧熟吃,栗子烧鸡、栗子烧肉、糖炒栗子,来到长兴都可以敞开了吃。

259

每年的梅雨季前后,湖州人就有口福了——一大波水果先后登场。湖州有名的水果有庚村桃子和李子、德清雷甸枇杷、太史湾杨梅、武康西瓜等。湖州人喜欢吃本地栽种的水果,因为水好,果肉就鲜美。吃不完的杨梅还能酿成杨梅酒,味道香甜,回味绵长,丝毫不逊色于那些大牌酒。

260

湖州紧靠太湖,出产的百合质量上乘,被誉为"太湖人参",至今已有三四百年的栽培历史。而盛夏时节正是百合"大显身手的日子",此时湖州人都会拿百合与绿豆一起煮成绿豆百合汤,清凉消暑。

261

湖州人的家常菜中有一道田螺嵌肉,做法非常独特,需要把田螺肉先挑出来,再把它和猪肉一起剁碎搅拌后嵌回田螺壳里。这一来一回虽然麻烦,但做成的菜品十分美味——田螺已经不是田螺,猪肉也不是原来的猪肉了,比单烧田螺好吃了几个层次。

262

烂糊鳝丝在湖州很常见,这道菜是有来头的。据说乾隆皇帝下江南的时候,在湖州吃了这道菜,觉得回味无穷,回去就把这道菜加入了皇家菜谱,让御厨经常做,这道菜由此出了名。但在如今的湖州城里,会做这道菜的厨师不多,店家做出来的味道五花八门,就好比杭州城里各式各样的西湖醋鱼,只有几家令人印象深刻。

263

苏东坡这人诗书一绝,但是更绝的是他的"馋病",按照现在的话来说,他就是一个"吃货"。杭州有名的菜品东坡肉就是他发明的,而他在湖州当太守的时候也没少研究吃食。当年他经常和好友到西塞山游玩,据说有一天中午饿极了,仆人也没送饭上来,东坡和几位好友就找到了山上竹林深处的一户人家。

农户看到太守来了,哪敢怠慢呀,赶紧做了很多菜款待他们。人饿的时候什么都好吃,更不用说苏东坡本人还是个"吃货"了。他发现主人端上来的一碗咸肉烧竹笋酥而不腻,清香鲜嫩,吃了个碗底朝天,将"吃货"的本质暴露无遗。这西塞山笋烧肉也从那时候开始出名了。

264

在湖州,几乎没有人不知道布厂月饼。布厂月饼的创始人沈沛堂原来在湖州人民布厂的食堂工作,后来自己出来创业。因为月饼做得好吃,他的生意竟然一炮而红,在湖州打响了品牌。现在只要是到了吃月饼的季节,布厂月饼的摊点前总是排着长长的队伍。

265

野荸荠是南浔镇上一家茶食店的名字,这家百年老店已经开了100多年,现做现卖传统特产橘红糕、定胜糕、麻酥糖、糖年糕等等,其中又以橘红糕和定胜糕最为著名,湖州人小时候几乎没有没吃过的。橘红糕小而精致,入口香甜滑糯,非常符合孩子们的口味,以至于几十年后,说起湖州家乡的味道,其他的可以忘,橘红糕的味道却一直忘不了。

266

北方人到湖州来,当吃到绣花锦这道菜的时候,都会禁不住问一句:"这青菜吃起来怎么是这个味啊?"的确,这绣花锦跟普通青菜形状相似,但是口感更为软糯,并别有清香。绣花锦是湖州特有的名菜,是许多浙江人都没吃过的。

267

苏州话和上海话说起来比较软，这在全国都是有名的。同属于吴语系的湖州话，保留了许多古汉语吴语系的元素，所以讲起来软糯婉转，很有古典韵味，女子说起来婉转好听，男子说起来有书卷之气。

268

湖州话的音韵系统中，声母有 29 个，韵母有 37 个，声调有 8 种。我们常说的湖州话是指湖州城区的方言。因为虽然都在湖州，但是县区不同，发音也不同，比如长兴县的湖州话就带有苏州口音；安吉县的湖州话中，"衣"和"烟"的发音是一样的；德清县因为靠近杭州，其发音又和杭州话比较接近。可见虽然都属于湖州话，但吴侬软语中还夹杂着改不了的乡音，好像自带 GPS 定位系统，无论走到哪里，只要一说话，就知道此人乡关何处了。

269

说起湖州话，不得不谈谈湖剧，也就是湖州滩簧。跟发源于绍兴、已成为中国五大戏曲剧种的越剧不同，湖州人喜欢自娱自乐，湖剧一直就在自己的一亩三分地内经营，只能算是一种地方传统戏曲。湖剧虽已有百年历史，但于 1951 年才定名。湖剧带有浓郁的江南水乡情调,不仅语言亲切柔和,采用本地吴语方言——湖州话进行演唱,曲调清新流畅,而且表演文雅细腻,宜演悲欢离合的家庭爱情戏。2011年,湖剧经国务院批准,被列入第三批国家级非物质文化遗产名录,也算给湖州的传统剧目留下了发展的种子。

270

杨筱楼当年是湖剧界的名人,他小名阿金,15岁入行,16岁就能够跟随本村的滩簧班演出了。每个艺人都有其成名作,阿金就是以饰演小寡妇成名的,以至于观众们都叫他"寡妇阿金",反倒忘记他的本名了。都说艺术源自生活,一个好的艺术家总是能够把他的作品和生活紧密联系在一起,阿金就是这样的人。

271

湖州人常讲一句话,"一日三餐粥,安耽就是福"。明清时期的湖州,乃至整个太湖流域,可谓"富甲天下"。优越的自然环境,可以让湖州人凭着自身的聪明才智,只付出较少的劳作就获得较多的收获。湖州人在创造自身灿烂的稻作文化和丝绸文化等地域文化的同时,也形成了自己的惰性:讲究安耽享福,缺乏进取心和冒险精神。由于遭受灾害不多,湖州人特别缺乏风险意识。

272

  在湖州被人使用最多的和外来人最先学会的一句湖州话肯定是"百僵"。"百僵"其实就是一句客套话,跟"你吃了吗"式的问候差不多。一般在两个人分别的时候用,相当于说"再见"。但是"百僵"这两个字的含义不少,除了让对方慢走以外,还有希望对方万事都慢点,安安耽耽就好的意思。

百 僵

273

湖州人的这个"百儍"不仅放在嘴边,更是融入了生活。湖州人做事风风火火的不多见,大多数是慢条斯理的,这不仅是因为湖州人个性如此,而且因为湖州人大多谨慎、精细,该想到的问题都想到了,让万事尽在掌握之中,如此又有什么好担心的呢,当然是凡事"百儍"啦。

274

湖州人讲话喜欢敲边鼓。如果想请人在一旁协助,帮衬办好一件事,常说"相帮缲缲边"。这句话本来的意思是把袖口裤筒多出的布向里缲好熨平。现在用机器,这道工序就变成了拷边。

275

门槛,湖州话又叫户槛,古代称为门限,就是门户内外界限的意思。湖州方言中用到"门槛"两字的不少,"门槛精"就是最主要的一个。"门槛精"可不是门槛成精,而是说这人非常精明。湖州当地可以称作"门槛精"的人不多,毕竟在一个安耽享福的大环境下,要培养出"门槛精"实在有些困难,偶尔有一两个,马上会被人指指点点。当然,如果对某种技能和手艺很精通,也会被说成是"门槛精",这个时候就是褒义啦。

276

湖州人是非常怕麻烦的,所以碰到复杂难以处理的事情,大都报以"叽糟"了事,也说成"叽里糟唠"。所以一旦听到湖州人说"叽糟得了",基本他就是嫌麻烦,准备走人了。

277

湖州人对于数字的热爱,体现在语言里。湖州话里各类数字的集合众多。譬如"勿三勿四"(形容人不正经)、"三对六面"(指双方在第三方或证人在场的情况下说明情况)、"头五头六"(做事粗糙,不仔细)、"七亩缠在八亩里"(形容办事思路不清,容易混乱)、"板板六十四"(刻板而不知道变通)。如果你掌握了这些表达,时不时蹦出一句,大概就会被调侃"湖州话八级也不过如此"了。

278

民以食为天,这一点在湖州话中有很多体现,比如把谋生叫"糊口",把工作岗位叫"饭碗",形容一个人受欢迎叫"吃香"。湖州话中对"吃"也有一些很有趣的表达,比如在湖州会听到爸爸对着孩子吼"要给你吃生活啦!",这个"生活"可不是什么好吃的。湖州人都知道,"吃生活"就是挨打,所以有些东西还是少吃点好。

279

虽然湖州人很喜欢吃,但是除了"吃生活",还有很多东西湖州人也不喜欢吃,像是"吃排头"(指受到指责和惩罚)、"吃闷棍"(指挨骂又不能辩解)、"吃生米饭"(指说话冲、容易翻脸的人)。如果你到湖州来,听到这些话,可要注意了,这可不是好词哦。

280

湖州人习惯把打水说成泡水,所以在大学里经常会被同学误会。不少湖州籍同学说要去泡水了,并不是要去泡茶,也不是拿水来泡,而是去打水。

281

湖州话中用来形容物体形状、颜色、味道的词语,很多是以 3 个音相叠的,如:有形容形状,圆滚滚、长腰腰、扁塌塌、矮墩墩、厚笃笃等;形容颜色,有红分分、绿莹莹、紫朵朵、灰蒙蒙、黑出出、乌滋滋等;形容味道,有甜蜜蜜、咸嗒嗒、酸分分等。还有一些形容人的动态的叠词,如急吼吼、慢吞吞、气冲冲、死伴伴、活脱脱、软疲疲、翘笃笃、硬邦邦、滑叽叽、贼分分、污糟糟等说法,不仅形象,而且好记。有些初到湖州、初学湖州话的人说,怎么这么多 ABB 的词组啊,湖州人告诉他,你看,圆了是不是能够滚动啦,所以叫"圆滚滚";灰了是不是看不清啦,感觉眼睛都蒙上了一层纱,就叫"灰蒙蒙"。嗯,听他们这么一解释,湖州话还真的好记起来了呢。

282

湖州话中"毛"字的含义很多。它一般不用来指动物的毛,而是用来形容事物,比如"毛山"(没被开垦的荒山)、"毛里哈拉"(粗糙)、"毛毛较"(大约)。

283

70 岁的湖州闻波社区居民沈虎荣是社区里的忙人,社区居委会想请他在春节前给放假在家的孩子们讲讲湖州话,老人为此认真地备起了课。沈虎荣花了 30 多年时间写了 2 本书,都是关于湖州方言的。老人在书里不仅给大家讲解了许多湖州方言的读法和释义,还附带介绍了湖州的地方文化,比如湖州的名人、名胜等。对于孩子们来说,这是一次很好的学习机会。而这样的书,能够起到弘扬地方文化的作用。

284

在湖州特别火的一档吴语类节目叫《阿奇讲事体》,主持人阿奇用湖州话来播报新闻,不仅让人感觉非常亲切,更是起到了传播湖州话的作用。不少外地朋友告诉我,在湖州一年,看了一年《阿奇讲事体》,湖州话水平直线上升,现在都已经能考"湖州话八级"了。

285

湖州话的奇特还在于它的词语含义多变。同样的一个词,用不同的口气讲,即表示不同的意思。

286

现在的湖州人讲湖州话,发音纯正的越来越少,20世纪三四十年代出生的湖州人,讲起湖州话来特别有味道,咬字很到位,而七八十年代出生的湖州人,其发音和父辈比起来,就明显打了折扣。

287

在路边小摊上,会不会说湖州话关系着你能不能还价。1块钱1斤的青菜,你用湖州话和小贩多聊聊,说不定就成了8毛,毕竟"自己人"好说话。

288

现在从省级电视台到地方电视台,无一例外都在热播方言类节目,似乎会讲一口方言成了年轻人引以为傲的资本。湖州话当然也不例外,一批湖州年轻人还把湖州话作为一种最具个性的网络语言,无论是用 QQ 聊天还是在 BBS 论坛发言,湖州话无疑最能引起本地网友的共鸣。而因为发音相近,有时候还会有嘉兴、上海的朋友乱入其中。

289

湖州话的兴起,和现在多元化的社交软件的发达是分不开的。用湖州话编写的信息、用湖州话翻唱的歌曲,能很迅速地在年轻人的朋友圈中传播开来。湖州的年轻人正在借助新型的社交平台,掀起一波"讲"湖州话的热潮。

290

湖州人喜欢把不愿意多接近的朋友称为"捏鼻子朋友",大家可以想象一下捏鼻子的鄙视状是怎样的,这样形象生动的比喻在湖州话里屡见不鲜。

291

湖州人说得最多的一个音写不出来,只能用发音相近的"嗯"代替。湖州人说自己时用单音"嗯",而在说"买了一条鱼""生了一个儿子"时,"鱼"和"儿"两个字的发音也是"嗯",扭扭腰发嗲或者摇摇头表示不同意时同样发一声"嗯",只是带上长短高低的拖腔情感音表达。仔细追究,"鱼"和"余"同音,而"余"在湖州话中有"我"的意思,所以湖州话中的"我"和"鱼"一样读成"嗯"。

多义的"嗯"

292

　　要想真正学会湖州方言中的谚语就要去偏僻角落,与当地的老农民聊天,从他们的言谈中,能听到城里很少听到的方言。

293

　　湖州话中常用"推扳"两个字来形容不好的人或东西，比如说人不好就说这个人"太推扳"，而东西差就说这个东西"太推扳"。为什么在江南地区会有这样的说法呢？这是因为江南地区多河道，常常需要摇船代步，而推和扳都是摇船的方法。如不知道该推还是该扳，就无法让船顺利前进，因此就出现了"推扳"这样的词。

294

　　湖州长兴人对妻子的称呼很特别，他们称妻子为"堂客"。原来，古时候的堂屋是要供奉祖先牌位的，是家里最神圣的地方。把娶进来的妻子叫"堂客"，说明夫家没把她当外人，直接就请到堂屋里来了，但是由于妻子和夫家不是同姓，不共祖先，于是就成了堂屋的客人——堂客，这么想想还真是很有意思呢。

295

　　湖州有一句骂人的话叫"阿宝"。如果你在其他地方听到这个词，可能还以为是谁的小名呢。因为湖州有过一个头脑拎不清的人，大家都叫她"荡头阿宝"，叫着叫着，"阿宝"就成骂人的话了。

296

　　湖州人不喜欢动用暴力，但是他们会跟你咬文嚼字、引经据典地争论半天，所以在湖州你要小心，被得罪的湖州人虽不会给你一顿老拳，但说不定会记下你的名字，日后要与你法院相见了。

297

在湖州，夫妻如果去亲朋好友家借宿是不能同房睡觉的。至于为什么，本地人都说不出个所以然，只会说是自古留下来的规矩。不过现在的年轻人早已摈弃了这些习俗，该怎么睡就怎么睡了。

298

湖州人清明、中元节、冬至都是不能去朋友家做客的，这 3 个日子湖州人要么在祭祖，要么在祭神，哪有空搭理"凡夫俗子"呢？所以这个点待在家里才是最不讨人厌的。

299

古代湖州有这么一个习俗，去亲戚朋友家玩耍过夜是不可以带药过去的，所以一般病人都自觉留在家里。这个传统感觉有点不近情理，难道人生病了，就要剥夺他去亲朋好友家串门的权利吗？不过转念一想也是有些道理的，既然都生病了，自然应该留在家里好好休息。

300

湖州的产妇坐月子的时候，属虎的孩子是不能去看的，说是怕惊吓到婴儿，许多人信这个。还有个说法是属羊的女子"不败娘家，就败

夫家",导致羊年湖州的出生率偏低。这样的说法随着年轻一代逐步
成长起来,慢慢就没人相信了。

301

小孩子的衣服破了或者扣子掉了,母亲给他缝补的时候,都要他先
脱下来。如果穿在身上补,母亲就会告诉孩子千万不要说话,不然会被
狗咬。缝扣子的时候会不会被狗咬,我不知道,但是孩子们听了却是异
常听话,一动不动,也不说话。我甚至觉得创造这个习俗的人特别聪
明,小孩子大多好动,缝补的时候一个不留神,说不定针就扎到身上了,
所以只有想个办法让小孩子不动不说话,才方便做一些缝补工作。

302

总感觉湖州的先人为了后人的衣食住行操碎了心。有这样一个
说法,说走路的时候不能勾肩搭背,因为人有三把火,分别在头上和两
边肩膀上,勾肩搭背压灭了一把火,小鬼就会来纠缠你。这种说法让
人听了毛骨悚然。回过头来想想,这或许是先人不喜欢看到大家勾肩
搭背不文雅的样子而想出来的说法。

303

湖州这个城市,从大城市来的人虽然都说它小,却都不愿意走。有
人说湖州这个城市什么都好,就是人们生活太随性了,人的工作积极性

也低,总是"百僵"来"百僵"去的,待久了容易"丧失斗志"。可还是不断有人来到湖州定居,一些大城市来的人甚至在湖州买了房,周一到周五在大城市上班,周末在湖州放松。生活是需要"百僵"的,也需要有"百僵"的城市。湖州的居住环境非常好,但是人们还是憧憬大城市的灯红酒绿,不过这不是问题,越来越便捷的交通,让湖州与周边的上海、杭州等城市越来越没有距离感,去杭州乘坐高铁只需约20分钟,去上海的高速铁路也在建设,完工后从湖州到上海也只要几十分钟。

湖州人低调,不太会显山露水,蹬着三轮车拉货的,可能是家里有3套房子的拆迁户,而开着奇瑞QQ的也可能是上市企业的老总。湖州人比的不是这个,哪怕你再有钱,企业做得再大,湖州人关心的还是企业文化建设。

304

跟许多城市一样,湖州的美味都在犄角旮旯里,大酒店、大饭馆的饭菜味道往往千篇一律,而街角巷尾的野店反而可能因其独特的味道在民间扬名。如果来湖州想吃地道的湖州特色菜,那你真的需要一个本地的导游。

305

在湖州有一点不好,就是人们喜欢"凑热闹",如果街边发生个什么事儿,大家都会凑过去看,哪怕是个交通事故,也会有不少人上去问一句"咋啦"。虽然这样可以第一时间报警,但是有时候围观群众过分热情,反而堵塞了交通。

当然夜宵时间是例外的,尤其是到了夏天,湖州的各色小龙虾摊点都是爆满的,人们吃着小龙虾,喝着冰啤酒,撸串,直到后半夜才慢慢散去。单单在湖州市区,大众点评 App 上就能搜到 300 多家小龙虾馆,其火爆程度可见一斑。十三香、蒜香、麻辣……恨不得各种口味都来上一盘! 而且湖州人吃小龙虾都是以斤起步的! 夜晚,湖州人和朋友配着啤酒、烧烤,随手剥着小龙虾,即便吃上 200 块钱,也意犹未尽!

306

来过湖州的朋友都知道,湖州的太湖蟹很有名。太湖蟹的名气虽没有阳澄湖大闸蟹大,但品质完全不输阳澄湖大闸蟹,性价比还特别高。

307

有网友说,湖州话听着听起来像日语,还有人说像韩语。湖州话的许多音节的确与现在的日语和韩语的发音有些类似。有一位资深的日籍日语教师说,他考据过某些日本文献,认为湖州人的始祖曾经东渡日本,成为日本先民的一支,但是他的观点还未得到研究部门或专家的认同。

308

过年时节,湖州人很重视习俗,农村家家杀猪宰羊,做汤圆,打年糕。虽然现在部分习俗还在,但像年糕、汤圆这类,人们却大都去超市买了,毕竟这样方便,省下的时间可以串门唠嗑。

309

做杀猪饭是湖州农村春节期间的习俗,尽管如今日子好了,但吃杀猪饭仍是大家期盼的事儿。农村的年味儿也是从准备杀猪饭开始的,杀猪饭由"头刀菜""杀猪菜""白色三王子""宫爆肉筋""老腊肉""猪脚煮青菜"六大特色系列组成。普通的农家杀猪饭一般没有那么讲究,但菜品种类还是多的。对于大家来说,杀猪饭只是一个由头,聚在一起享受丰收的喜悦才是最重要的。

310

在湖州,一些重要的聚餐都要吃蹄髈。蹄髈作为一道大菜,一直在湖州人的餐桌上占据一席之地。因为蹄髈大而结实,做好后闪着酱色,又带着肉香,特别容易勾起人们的食欲。在湖州,蹄髈一般和鸡蛋一起煮,为了讨吉利,鸡蛋还得是双数。这些配蹄髈一起煮的酱蛋被叫作"元宝蛋",吃之前人们还要说一句"提一提,高一高",给自己讨个彩头。

311

"干荡"是捕捞的主要形式之一,是将塘中的水全部抽干来捕鱼,捕捞得十分彻底。"干荡"时往往十分热闹,池塘边上站满了人,有的是"荡主"请来帮忙的,有的是准备参与"干荡"的。鱼塘抽干水后,先由"荡主"带人下塘捕鱼。他们将家鱼和大部分野鱼捕完后,才允许那些早已候在一边准备"干荡"的人下去捕鱼。"干荡"的人以孩子居多,他们个个腰间挂着竹篓,浩浩荡荡地冲下池塘,眼疾手快地去抓那些"漏网之鱼",场面十分热闹。

"干荡"的孩子们

312

旧时,湖州乡村自立冬到年底数月,都要演戏酬神,这就是社戏。酬神娱人,社戏娱乐了辛苦一年的民众。如今人们的生活水平提高了,除了正月里中心广场的大型活动外,大家都是往电影院里跑啦。

313

湖州有这样一句俗语:"腊月理债,正月理亲。"说的是讨债只能讨到腊月,新年的正月里是不可以讨债的。因此有的欠债者就会千方百计躲债,躲过了除夕就可以大摇大摆回家过年了。不过讨债的也会"守株待兔",甚至有的讨债人会提着灯笼追赶欠债者,毕竟只要旧年的灯笼不灭,按照习俗来说就是旧年,还可以追讨欠债。当然现在不一样了,法院的执行局天天等着欠债者,管你是年三十还是年初一,老赖终究是逃不掉的。

314

湖州人的传统是在小年夜"拜利市",就是用猪头三牲来祭拜,祈求来年的好运,当然也有的人家会在年三十晚上来进行这个仪式。大多数的家庭会选择祭拜祖先,全家依次叩拜祖先,祈求祖先来年庇佑大家。烧"纸元宝"和放爆竹是必不可少的,但是现在禁放烟花爆竹,这样的习俗逐渐退出了人们的生活,更多的是大家乐呵呵聚在一起撮一顿。

湖
州
有
意
思

315

　　虽然现在的湖州人摒弃了不少过年的旧俗，但是在农村地区，还有年三十"拜阿太"的习俗。这里的阿太可不是老太太的意思，而是自己家里的先人。这个习俗在湖州各个县区叫法不一样，有的叫作"拜老爷"，不过不管是拜啥，都是祈求先人庇佑子孙后代。在湖州有句俗话叫"一年三东家，年夜饭吃自家"。一年忙到头，年夜饭肯定是要在自己家里团团圆圆地吃，因此在外面工作的湖州人，年三十前都会赶回来和家人团聚。老一辈期盼的是孩子回家团圆，而年轻人想的则是那 7 天的假期。在湖州的西部山区，那里的人家除夕守岁，往往用比较粗大的柴火放在火盆里慢慢地烧，而全家老少则围坐在火盆旁守岁，这称为"煨年猪"。过年还有其他的习俗，比如家中的长辈给晚辈分发压岁钱，同时送出对晚辈的美好祝愿，这也是过年时孩子们最开心的事情之一。随着人们生活水平的提高，吃好用好已经不局限在春节，成年人更多的是期盼春节时的合家团聚，而孩子们欢喜的是无忧无虑的玩耍时间，毕竟年三十前后这几天，大人是不会催着孩子们做作业的。

316

　　湖州的孩子小时候除夕玩得最多的游戏是"呼蚕花"。养蚕期间，蚕农为讨吉利，将一般野花统称为"蚕花"，只为讨个好彩头。因此，常有农民用彩纸、茧子或绸帛做成蚕花。"呼蚕花"，就是孩子们一起唱童谣，以祈求来年蚕桑丰收。这是湖州特有的习俗。

除夕的黄昏,孩子们还会提着马头灯、元宝灯、兔子灯等各式灯笼,走出家门玩"蚕花灯"的游戏。天渐渐黑了,点亮的灯笼就显得格外醒目。孩子们提着灯笼,在田间地头互相追逐,唱着童谣:"猫也来,狗也来,参加落伢(我)屋里来,白米落伢(我)田里来,搭个蚕花娘子一道来……"孩子们不一定知道唱的是什么,更多只是觉得好玩。如今湖州人奔波在外,每逢春节想起幼时的童谣和灯笼,往往会心一笑。

317

如今的除夕,湖州老百姓自家烧年夜饭的慢慢少了,到大街小巷的饭店里吃年夜饭的多了。一年忙到头,亲朋好友好不容易聚一聚,如果还要自己动手张罗,实在是累得够呛。饭店推出的年夜饭逐渐改变了人们的生活习惯,只要花钱,就能让一大家子人好好吃上一餐。

318

湖州琴书是湖州滩簧的重要分支,也叫"湖滩"。想必很多人不知道这是啥。琴书在曲目和音乐上跟湖剧是相通的,表演人员也常常搭伴合伙表演,就是所谓"搭班做小戏,分档唱琴书"。

319

湖州三跳不是要你跳三跳,而是一种曲艺表演形式,因其伴奏乐器是"三跳板"而得名,是一种用"劝世调"单曲往复,使用湖州当地方言,说唱相间的地方曲艺,流行于以湖州为中心的浙北各县市。

320

湖州人喜欢吃,也擅长吃。湖州人吃的美食囊括了一年四季多个品种和花样,你要是初来乍到,想要一次性吃个够恐怕是困难的,要在湖州待满 365 天,才能马马虎虎都吃一遍。腊八粥、年糕、春卷等等,几乎每个时令都有应时的湖州美食。

321

每年的腊八节,喝腊八粥是最重要的习俗。天蒙蒙亮的时候,铁佛寺等寺庙门口就排起了长长的队伍。每年的这个时候,各大寺庙和志愿者就会来到街上施粥,各大商场也会推出送腊八粥的福利活动。人们都说寺庙熬的粥有神佛庇佑,有强身健体之效,排的队伍也更长些。

322

在湖州,立春这天有咬春的习俗。这一天,湖州人都会吃春卷,吃上一口,那可真是舌尖上沾满了春天的味道。春卷的种类有很多,常见的有荠菜馅儿的、豆沙馅儿的。

323

湖州的新人若是在上半年结婚的,长辈一定要在下一年正月里请他们吃饭。这叫"吃蹄子"。因为湖州有句俗话是"吃了蹄子皮,钞票皮到皮",刚刚组建的小家庭都要过"吃蹄子"这一关的。

324

农历二月二,俗称"龙抬头",这一天的习俗是剪头发,剪个"龙头"寓意一年里交好运。但是对湖州人来说,在二月二比剪头发更重要的是吃"撑腰糕",是将年糕油煎后食用,非常好吃。

325

古时候体力活主要靠青壮年男子做,但是谁没个腰腿酸软的时候呢?于是每年的农历二月初二,湖州人都会吃一种米粉做的糕点,叫作"撑腰糕"。这倒不是让谁给谁撑腰,而是字面上的意思——把腰好好撑住,这春耕的重要日子,家里的壮劳力若是累垮了,来年就得喝西北风啦。现在这个习俗在有些地方也被保留了下来,二月吃点撑腰糕,对现在的办公室白领也很有好处,毕竟伏案工作久了,腰痛、颈椎痛的情况很常见。

撑腰糕

326

俗话说"清明螺，赛肥鹅"，清明前的螺蛳是最肥美的了。螺蛳该怎么吃？在湖州话里有一个字"嗦"。有人说"嗦螺蛳"可以算是湖州人独特的技巧了，连湖剧里都有专门的桥段来表演"嗦螺蛳"。

327

立夏的时候，老底子湖州人都要用一杆大秤去称人，尤其喜欢用大箩筐给孩子们称体重，看看比去年重了多少。立夏称人有很多讲究：第一，秤锤不能向内移，只能向外移，意为只能加重，不能减轻；第二,称的斤数若是九,就必须再加上一斤,因为九是尽头数,不吉利;第三,给儿童称重时,必须在儿童的口袋里放一块石头,既是为增加重量,也是祈求长寿之意。

立夏称重

328

湖州有句俗语,"吃了立夏狗,东南西北走"。"立夏狗"是一种立夏吃的糕点,用糯米粉捏成狗的形状后蒸熟食用。古时候认为五月是霉月,容易得病,在立夏那天,让孩子们吃点"立夏狗",才能让他们像狗一样强壮,不容易得病。

329

一入冬,在湖州老街的围墙下,就会摆出一地腌制的雪里蕻和萝卜干。"小雪腌菜,大雪腌肉",这是江南地区的民间传统习俗。雪里蕻炒毛豆,是泡饭的绝佳搭档!

330

湖州农村酿的米酒很好喝,虽然好喝但是容易上头,往往在不知不觉中就喝醉了。这个米酒后劲挺大,喝醉的人醒来后往往大呼"上当"。

331

湖州人擅长吃羊肉,冬季湖州的羊肉特别美味。羊肉的烧法也各不相同,白烧的板羊肉以双林的最有名,红烧的羊肉卷以练市的最有名,想要吃酱羊肉就得去德清。但不论吃什么羊肉,湖州各县区都能搞定,湖州人不必出市就能尝遍各种美味羊肉。

332

湖州人过春节的时候都会做鱼汤饭。冬天的鱼虾肥美好吃,一般渔家捕鱼都会叫上亲朋好友一起帮忙,而为了感谢帮忙的人,捕完鱼后大家往往要聚在一起吃一顿,吃的当然就少不了鱼了。现在已经不是家家户户捕鱼的时代了,但是吃鱼汤饭的传统却流传了下来,每到春节的时候,湖州人都会期盼一顿以鱼为主料的鱼宴。在湖州著名的荻港渔庄,每年春节前都会举办鱼汤饭文化活动,摆上几十桌鱼宴,篝火熊熊,人们热热闹闹地吃着丰盛的鱼汤饭。

333

湖州民间流传着立夏"斗蛋"的习俗。立夏这一天,孩子们三五成群地进行这项游戏。每个孩子用他的蛋头与别人的蛋头撞击,或者蛋尾与蛋尾对攻,撞破的就输了。这个游戏孩子们每年都玩得不亦乐乎。有的孩子食欲旺盛,故意把自己的蛋打破先吃起来;有的孩子则好胜心强,非得争个输赢不可。

立夏"斗蛋"

334

过去的湖州人,除了用自家煤炉烧一点喝的水以外,洗脸、洗脚、洗澡的水都是去老虎灶买的。那时候开水是一分钱一壶,湖州人通常都会花几角钱买上一大摞热水筹码。筹码也很简单,就是用硬纸板剪成几个小小的长方形,上面盖上老板娘的印章。当时的人还不知道什么叫"作假",所以老板娘也不需要像今天一样具备"火眼金睛"。现在这种老虎灶已经绝迹了。

335

湖州人喜欢看书,大街小巷里书店特别多,有大的连锁书店,譬如三联书店、新华书店,也有各类小书店、书屋、书吧。湖州的小孩也很喜欢看"菩萨书"。在湖州话里,连环画叫作"菩萨书"。至于为什么这么叫,大家都不大明白,只是上一辈人这么叫,也就延续了下来。虽然如今的少儿读物已经非常丰富,但是"菩萨书"摊依旧火热。

336

湖州人喜欢吃,除了享誉省内外的美食以外,还有不少街头巷尾的小吃。爆冻米就是其中一种。一般走街串巷来社区卖爆冻米的都是乡下老头,左边爆米机的摇手柄和右边风箱的拉柄只要一个人操作就可以。爆米机看似简单,操作起来却很复杂,需要双手同时进行,风箱的拉柄是前后运动,爆米机的摇柄却是顺时针转圈,转的时候还要观察压力计上的数字,掌握火候,可以说是集体力和脑力于一身的工作。

337

炎炎夏日,湖州人乘凉的方式很文雅,那就是喝茶。但是和在茶室喝茶要配十几碟茶果的方式不同,湖州人喝茶很"清淡"。只要在市河边搭上一排桌椅,乘风凉的人自会坐上来。人们泡上安吉白茶,谈天说地,一晚上就过去了。

338

在湖州,城里人喝茶一般去茶室,点几盘茶点,谈天说地。在乡下,喝茶的主要是成年男性,他们风雨无阻地喝早茶。有些人甚至凌晨起床,赶几里地摸黑进镇,就是为了等茶馆开门喝早茶。在茶馆听听新闻逸事,了解下农贸市场的行情,顺带在茶馆旁把自己带来的农副产品卖了。

除了早茶外,人们还喝午茶和晚茶。这茶和早茶不同,伴随着喝茶进行的活动主要是听书、嗑瓜子。

339

湖州人现在大多喜欢下馆子,有朋友从远方来,不必一大早去菜场买菜,回来后又是杀鸡又是剖鱼,客人走了还要收拾碗筷,只要在饭店里订个包厢雅座,客人来了往里面一领,什么都摆平了。大家吃得酒足饭饱,不亦乐乎。

340

吉山南路上有一家家常菜饭馆,老板的厨艺就是在江南春学的。别家饭店要拍抖音短视频宣传,这家店完全用不着,店里就区区5张桌子,都是靠老顾客吃得好,口口相传,带来新顾客。店里的特色菜是虾沫鱼肚,没有尝过的顾客都以为是豆腐,总会问:"这怎么做得这么嫩呀?"

341

老一辈的湖州人都知道,要吃正宗的湖州本帮菜,就去江南春饭店。从20世纪80年代开始,湖州江南春、同丰楼、香江楼3家饭店在湖州城里备受欢迎,想要出去吃得有面子,就得去这3家饭店。在那个年代,下馆子是件很奢侈的事,许多人现在回味起来,都会喃喃地说一声,那里的烂糊鳝丝的确香啊。后来江南春早餐还推出了大肉包,1块钱1个,比现在的肉包大一圈,风靡一时。如今再也看不到当年排队去吃江南春的场景了,取而代之的是老永春酒店、大方传统菜等一批新饭店。

342

湖州人对吃很上心,所以好吃的小饭店特别多,而且几乎天天爆满。一些本帮的传统菜,都是湖州人下馆子必点的,例如青椒嵌肉、暴腌鱼、时令臭菜等等。

这些小饭店的位子不多,老板做了那么多年也没想着扩大经营,于是每次去吃饭都要赶早,免得客满白跑一趟。许多老主顾想要预订,可老板总是冷冰冰地说一句,不接受预订,先到先得。这样的经营方式,反而使得这些店的生意愈发红火。

343

在湖州吴兴区埭溪镇山里有一只"有灵魂的粽子",老板以前是做乌米饭团的,长得胖乎乎的,老百姓干脆就叫她"饭团妹"了。她做的粽子叫"土粽",用农村的土灶头制作,烧的是山里的柴火,先要烧 7 到 8 个小时,烧好后还要焖 7 到 8 个小时才出锅。这样的粽子才好吃,才是那种大家小时候吃的味道。因为店在乡下,"饭团妹"每天要往湖州市里跑好几趟。

344

湖州城区的吉山二路上有一家面馆,以蟹黄面出名。据老板说,蟹黄面是民国时期才出现并慢慢兴盛起来的。蟹黄面最早是给青楼里的女子食用,所以配料极尽奢华。这家店老板所做的蟹黄面之所以出名,是因为面里没有蟹肉,只有蟹黄和蟹膏。开一家这样的店,最初是因为老板自己喜欢吃蟹黄面,也喜欢做东西给别人吃。

345

湖州喜欢吃面的人,几乎没有不知道埭溪镇"老太婆"面店的,这家面店是从店主的婆婆手上传下来的,店主从 42 岁开始接手这家面店,到现在已经经营 20 多年了,客人叫她的时候都叫"老太婆",于是她就把面店的名字改成了"老太婆"。一开始婆婆传给店主的手艺是炒面和汤面,后来她发现很多人体检出高血压、高血脂,察觉到炒面确实太油,不利健康,就尝试加点水烧干挑面,没想到一来二去,这干挑面就烧成了"网红面",人人都说好吃。

346

德清新市的茶糕很有名气。什么是茶糕呢?有一些人甚至还会问:为什么这个糕叫茶糕?难道里面有茶叶?其实不然。茶糕外形四四方方,体态丰腴有弹性,咬一口香嫩有嚼劲。据说老底子湖州人是将糕箱顶在头上去茶馆里卖的,所以叫茶糕。现在的茶室都是一个个的包间了,茶糕也就只能在店铺里看到了。

347

吴兴埭溪镇有一道寓意平安的传统名菜——套肠,全市闻名。这是一家夫妻店,1987 年,夫妻俩没有活干,就想着开个饭店,没想到一开就开了 30 多年。店里最著名的菜就是套肠了,基本上一天能卖出 200 多份。套肠的烹制虽然没什么秘密配方,但是这家店就是做出了别家吃不到的味道。加入茴香、黄酒、酱油、糖等调料,放在大锅里烧 3 个小时做成的套肠,吃起来那叫一个赞。还有人特地开一个小时的车来埭溪吃这家饭店的套肠,连央视 2 套《生财有道》栏目都曾特地跑来一尝其风味。

348

黄金周是人们出门旅游的好时候,因为湖州人不太喜欢出远门,所以"家门口的景点"在这段时间特别火爆。道场山、仁皇山、西山漾这些湖州人平日里上下班路过的地方,都会成为他们度假的首选。

349

"轧闹猛"(湖州方言,指扎堆、凑热闹、围观等行为)算是湖州人的一大喜好,似乎是出了名的,要不然人家为什么把我们叫作"胡蜂阵"呢?"轧闹猛"最显著的特点要算排队,花半个多小时排队买杯奶茶,花上 40 分钟排队买个面包,这些事情在湖州人身上常常发生,而且当湖州人排上去以后还会一直往身后看，跟在后面的人越多、越闹猛，便觉得越有气氛、越满足。很多湖州人，看到有队伍，不管三七二十一先排上去再说。有这样一个笑话：一个湖州老太太看到某个地方热热闹闹地排了好多青年男女，以为又是卖什么紧俏商品，就排了上去，排了半天终于轮到她的时候才发现原来是婚姻登记。

350

湖州人有"五日寒食共清明"的说法，在寒食节就开始祭祀。在农村还有清明节吃螺蛳的习惯，就是把螺蛳放在水里"渗"，用针挑出螺蛳肉烹食，这叫"挑青"。吃后还要将这些螺蛳壳丢上瓦。据说螺蛳在瓦上滚动发出声响，可以将躲在瓦楞里的老鼠吓跑。清明节后就要养蚕了，所以此时农村格外重视预防鼠患。

351

在长兴太湖沿岸一带，到了端午节，人们都喜欢划龙舟，几乎每个村都会有一个龙舟队。因为这项活动需要时间准备，所以农历五月初人们就要忙活开了。

352

湖州有句俗话："十月潮，大家小户着棉袄。"意思是农历十月就要开始穿棉袄了。所以到了农历九月，在上海、苏州、杭州等大城市的电线杆上和里弄的墙壁上,往往会出现找湖州人翻丝绵的招贴。这是湖州的农村妇女到大城市打短工赚钱的一种营生,也是以湖州人为号召的一种认同,是对湖州人翻丝绵名气的认同。

丝绵在湖州话中叫"棉兜",是将蚕茧煮熟后,把茧壳一层层绷在一个竹弓上晒干而成的。别的地方的人翻丝绵是把整只兜绷松,不能充分发挥丝绵的保暖作用,而湖州人则会把一只棉兜扯开分成四五片,再依照衣服的前襟、后摆等来区分,由两个人相对拉扯,拉出的丝绵薄如蝉翼,又非常均匀。翻丝绵依靠的完全是手指上的功夫,可以夸一句"弹指神通"。

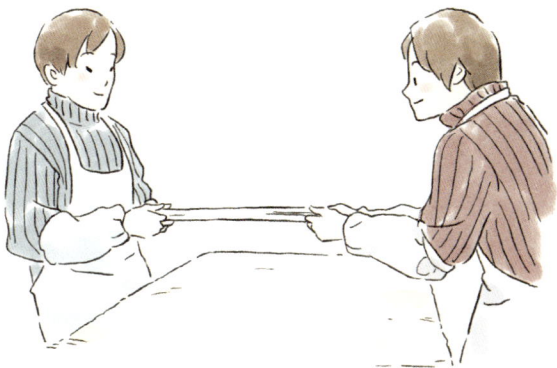

翻丝绵

353

湖州人对小孩子的配饰可是非常讲究的。小孩子周岁的时候,亲友要馈赠礼品,比如长命百岁锁。湖州人怕孩子养不大,要通过一定的仪式,将孩子过继给"南堂太均"或"东岳大帝",给孩子挂上一块银质的"天敕"牌。等孩子逐渐长大,有些湖州人还会给孩子戴一根鸡心链,以表达增强儿童记性(鸡心谐音记性)的愿望。

354

湖州自古就以"山水清远"闻名,清代画家沈宗骞曾说过:"我吴兴山水清远,甲于天下。"湖州也是大家耳熟能详的丝绸文化、溇港文化、茶文化、原始瓷器文化的重要的起源和发祥地,所以湖州人总是对本地的历史和文化自信得不得了。无论走到哪里,别人一听说是湖州人,都会赞叹一声:"哇,那真是好地方。"

355

跟人有绰号一样,城市也有自己的名号,比如广州叫"花城",上海叫"魔都"。湖州的名号为"菰城",因春申君黄歇在其封地内筑菰城县,"城面溪泽,菰草弥望"而得名。时移世易,依然有很多湖州人对"菰城"这一名号情有独钟,以至今时今日,仍有不少湖州作家将描写自己家乡的作品冠以"菰城××"的标题。

356

乌程是湖州的古称之一。乌程城隍的塑像脸色乌黑，与其他地方的城隍像不同。这背后流传着一个动人的传说。相传古时湖州有年夏季闹蝗灾，乌程县令就和大家一起捕捉蝗虫。因为痛恨蝗虫毁坏庄稼，只要捉到蝗虫，他就大骂一顿然后把它放到嘴巴里，吞下肚去。等蝗虫灭光的时候，大家看到这位老兄肚子隆起，脸色乌黑，倒在地上不省人事了。老百姓为了纪念他，就给他塑了乌脸的城隍像，每年上香。

357

湖州人很会赚钱，天下巨富的南浔沈万三就先不说了，单说现在的全国童装之都——织里，就是日进斗金的地方，而这只是湖州一个小小的镇。

湖州人虽然富有，却很低调，即使是赚了大钱的，也还是由内而外散发着质朴的气息。你如果看到一个穿着邋遢在买烧饼的人，可千万别小瞧了他，说不定他买完烧饼，转身就钻进一辆豪车里绝尘而去了。

358

近代湖州商帮的形成是以明清以来湖州城乡日益发展的丝绸经济为基础的，而上海开埠则是湖州商帮崛起的历史契机。湖州商帮不像温州商帮或者宁波商帮那般为人所熟知，但是他们在历史舞台上也留下了浓墨重彩的一笔。如今，越来越多的湖州商人走出湖州，活跃在全国乃至全世界的舞台上。

359

湖商在近代中国是具有强烈地域特征的商人群体。南浔镇的丝绸商人在清末迅速崛起，形成了以"四象、八牛、七十二金狗"为代表的中国近代最大的丝商团体。这些商人也是最先接触到西方近代思潮的人群之一，他们中很多人加入了推翻清政府统治的革命运动。

据史料记载，孙中山的革命经费很大部分是由以张静江为主的湖州丝商筹集和捐赠的，而南浔的丝商后来成为民国财政支柱的江浙财团的中坚力量之一。

湖州人是上海开埠后较早参与上海开发的人群之一，有大量的湖州人在陈其美所在的沪军都督府任要职。湖州丝商在上海办了大量的丝绸厂，并控制了码头和租界的大半房产。1927年上海工人第三次武装起义的指挥处就设在湖州会馆。

360

湖州一直都在和大上海"谈恋爱"，现在，异地恋正逐步转为"同城恋"，沪苏湖高铁将极大地拉近湖州与上海的时间距离。湖州是上海的后花园，而上海是湖州经济发展的桥头堡。目前，上海与湖州的关联越来越紧密。上海"十二五"铁路发展规划就把湖州作为重点，以进一步推动长三角经济一体化进程，未来湖州到上海将实现40分钟左右直达。

361

上海有迪士尼乐园,我们湖州安吉有 HelloKitty 主题公园。这个动漫形象来自我们一衣带水的邻国日本,在中国拥有大量粉丝,尤其是小女孩,对于这只粉红色的卡通猫猫,可是很难有抵抗力的。安吉的 HelloKitty 主题公园由日方设计,可谓原汁原味。这可是全球最大的 HelloKitty 主题公园,由浙江银润休闲旅游开发有限公司与日本三丽鸥株式会社以品牌授权的方式合作建成,公园虽然建成年数不长,但是影响力越来越大。

362

由湖州作家金一鸣编剧的 30 集电视连续剧《湖州商人》讲述了清代湖商唐生豪等人在外商挤压下艰难经商的故事。湖州丝商在中国历史上是重要的角色,相对于其他商帮来说,湖商还不被广大民众所熟悉。晋商的发迹是因为票号,徽商靠的是盐,湖商是抓住了什么机遇才获得成功的呢?

中国的蚕丝一直都是欧洲市场的抢手货,凭借着手中上好的蚕丝,湖商在很长一段时间里都稳稳地赚着不多不少的差价。上海开埠为湖商带来了新的机遇和挑战,于是湖商顺势而为,来到上海经营丝绸厂,一步步获得了商业上的成功。

湖州有意思

363

　　有一个冷笑话是说湖州人的：如果让湖州人在一锭金子和一本书之间做选择，很多湖州人会选书，但是如果让他们在两锭金子和两本书之间做选择，他们一般会选两锭金子，然后用其中一锭金子去买书。湖州人的脑回路确实是这样的，当生活面临选择的时候，他们"宁可食无肉，不可居无竹"。但是有条件，他们是竹和肉都要的，谁说读书一定会读成书呆子？

"竹肉皆要"的湖州人

364

湖州商人精明,也颇具人情味。2008 年汶川大地震,湖州与汶川虽隔千里,但那一年,湖州人与汶川人,心贴心,肩并肩。湖州的浙江泰普森实业集团有限公司在 27 个日夜里生产了 8.5 万顶帐篷送往灾区。时任国家主席胡锦涛还来到湖州,实地考察救灾帐篷的生产情况。

365

以前湖州知名度不高,在外面做生意的湖州人都不敢说自己是湖州的,怕一说出来别人认为你是哪个犄角旮旯里的,东西都看不上眼,只好说自己是杭州的、上海的,毕竟离得也近。

现在不一样了,湖州的知名度高了,再有人问起,湖州人底气也足了:"我大湖州是太湖南岸一颗璀璨明珠,国家级文明城市的金字招牌响当当。"夸起自己的家乡,湖州人是一点都不吝啬的。

366

湖州的空气非常好,自然风光也棒,"绿水青山就是金山银山"是时任浙江省委书记习近平同志于 2005 年 8 月在湖州安吉考察时提出的科学理念。青山绿水是可持续发展的本钱。"绿水青山就是金山银山"科学理念提出 10 多年来,湖州干部群众把美丽湖州作为可持续发展的最大本钱,爱护绿水青山,做大金山银山,不断论证发展经济和保护生态之间的辩证关系,在实践中将"绿水青山就是金山银山"化为生动的现实。不少前来湖州的游客都说,绿水青山不仅是展示今日湖州的"金名片",而且成为湖州可持续发展的"摇钱树""聚宝盆"。

367

经政府批准,首届联合国世界地理信息大会于 2018 年在湖州德清举行。这次国际性的会议在湖州召开,可见湖州的重要性已日益凸显,而越来越多的湖州人也不再为了赚更多钱跑到上海、杭州,毕竟在家乡,机会也越来越多了。

368

网络购物逐渐成为现代人的购物潮流。2012 年,淘宝网对网购人群的消费情况进行了调查,在 2011 年女性用户网购男性商品的城市榜单上,湖州排在第三位。另外调查结果还显示,最关心婴儿胎教、幼儿早教的省份是浙江,其中湖州每 1000 人里面有 40 人在淘宝网上购买胎教、早教用品,排在全国第七位。

369

美食是湖州人的挚爱,所以湖州人隔三岔五就去饭店吃饭,而且很喜欢去同一家热门饭店。湖州人都很大方,几个朋友一起吃饭,大家每次都抢着付钱。有些大城市的朋友间聚会,都采用 AA 制,但是在湖州,你要是和三五好友出门聚餐,不抢着付钱都觉得你来到了假湖州。虽然湖州人在吃饭前都乐意一窝蜂地去口碑好的饭店排队等,但是买单的时候却没有等的习惯,一个个严阵以待,生怕自己付慢了被人看不起,丢了朋友间的口碑,甚至有时会因为抢着买单而上演"全武行"。

370

湖州人现在生活条件好了,许多"80 后"的独生女儿,家里都不舍得她们嫁出去,于是发明了"不进不出"。所谓"不进不出"就是男方和女方平摊买房子的钱,女方不带嫁妆,男方也不给彩礼。两人的孩子叫双方父母都叫爷爷奶奶,这样的独创在湖州流行一时。

371

在几十年前,湖州还流行"对亲"这码事儿。对亲就是男方把聘礼拿给女方,而后女方托人密访、探询。如果认为可以,女方的父母就会择日亲自去往男方家,看看男方的为人、产业等等。双方一旦接受这婚事,一般不会变卦。现在的湖州人虽然自由恋爱,但是到了婚嫁这一关,很多还是会听家里长辈的意见。

372

湖州的气魄很大,你看下地名就知道:钓鱼台(跟钓鱼台国宾馆不是一码事儿)、千金、新马太(新市、马腰、太湖三地的合称)。当然奇葩的地名也不少:茅草地(茅草地里确实有茅草)、牛屎墩(牛屎墩里是真没有牛屎)、火坑里(这地方第一次来你都不敢进哦)。

373

沈是湖州最大的姓氏,到目前为止,其人数占湖州全部姓氏人数的约 10%。湖州的竹墩村被称为"华夏沈氏故里",湖州沈氏可谓是天下沈氏的源头。

374

出于历史原因,湖州人在台湾生活的特别多,台北还有一条湖州街。不少湖州人去看望台湾亲戚的时候,都不忘和小一辈说,你们有空要早点来湖州看看,那里两年一变样,三年大变样啦。

375

潘公桥是大家比较熟悉的地方了。潘公桥在湖州城北门苕、霅两溪汇流处,为明尚书潘季驯所建,故名。潘季驯的父亲潘尚早有在两溪汇合之处建桥之意,但未实现。为继承父志,潘季驯捐银 2500 两,发起建桥,其间,潘季驯躬亲其事。桥梁于万历十三年(1585)始建,万历十八年(1590)竣工。参与建桥的乌程县令为纪念潘季驯的功绩,将此桥命名为潘公桥。

376

湖州没有骆驼,却有一座湖州无人不知的骆驼桥。据宋嘉泰《吴兴志》记载,这座桥"以其形穹若骆驼背"而得名。原来,因为这座桥的样子非常像骆驼的背部,所以取名的人就叫它"骆驼桥"了。在北宋年间,骆驼桥、仪凤桥和甘棠桥并称湖州古城的三大桥梁。原桥名"骆驼桥"三字是唐代书法家颜真卿在湖州做刺史的时候题写的,这三字的桥名也是一件墨宝啊。

骆驼桥

377

　　湖州市中心骆驼桥堍的骆驼雕塑，令许多外来游客和参观者费解：生活在水乡泽国的湖州人，为什么要拿沙漠之舟——骆驼作为自己城市的标志？对此，湖州人有自己的说法：湖州是中国乃至世界丝绸文化的发祥地，是由骆驼踏出的丝绸之路的另一个起点。

378

　　湖州的地名有典故的非常多。南宋著名抗金将领韩世忠英勇善战，湖州当时属韩世忠抗金防区，其马军营驻扎在现今的霅溪公园东岸，因此这里就被叫"马军巷"了。20世纪70年代疏通市河时，这附近还曾出土过完整的瓦质瓶，就是宋代的军用水壶。

379

　　2020年12月4日，竞争力智库、中国经济导报社、中国信息协会信息化发展研究院和北京中新城市规划设计研究院在北京联合发布《中国城市全面建成小康社会监测报告2020》，在2020年中国全面小康指数前100名的地级市当中，湖州位列第19名。看来湖州的宜居现在已经是全国有名了。

380

铁佛寺在湖州的闹市区,前殿正中有一尊铁观音造像,后殿正中陈列着一口日本铜钟,后壁镶有元代大书法家赵孟𫖯书写的《天宁万寿禅寺》巨碑。铁观音、日本铜钟和赵孟𫖯书写的巨碑,被称为铁佛寺的三件宝。因为地理位置好,来铁佛寺的善男信女特别多。很多香客从上海、江苏等地赶来,为的就是吃一餐铁佛寺的素斋。

381

湖州铁佛寺之所以有名,是因为一个传说故事。相传唐代的鉴真大师 3 次东渡日本没成功,在湖州一边休养生息,一边筹划下一次去日本。作为高僧他还得讲经,于是就在湖州的铁佛寺(那时候叫开元寺)住下了。那时寺庙里经常有火灾,木制佛像屡遭损毁,鉴真大师听到寺内僧人谈及此事,就说不如铸个铁佛像。一直到宋代才造出了铁观音像,算是完成了鉴真大师的遗愿。从那以后,铁佛寺的名声就打响了,不仅周边的信众前来膜拜,连几百千米外的香客也赶来敬香。

382

唐代张志和咏湖州的诗词名句,大家都耳熟能详,但是张志和在湖州的传说故事,知道的人可能不多。相传湖州的西苕溪边有一座水龙山,山底下有个水晶宫,宫里住着个河蚌,长年累月吸取日月精华,竟然成了精。成了精不要紧,这河蚌总是兴风作浪,淹没田地,毁坏房屋,周边遭殃的老百姓怨声载道。

这时候张志和正隐居在西塞山一带,听闻这事情,他的暴脾气就被点燃了。张志和想着为民除害,就去找河蚌。河蚌见到张志和就像老鼠见了猫那样四处逃窜,最终被张志和用渔网罩住拖上了岸。不管最后这蚌精是被蒸了还是煮了,西苕溪的水患总算是平定了。既然有这么个传说,想必当年张志和在湖州没少做好事。

<h2 style="text-align:center">383</h2>

西塞山仙人峰的半山腰中,有一块平坦的巨石——棋盘石(即道士矶),上面刻着一副古老的棋盘,现在仍完整无缺地保留着。

传说在很久以前,在西塞山下有一个村庄,村里有一个叫阿贤的樵夫。一天清晨,阿贤辞别妻儿上山砍柴,行至山脚下时,见天边飘来几朵彩云,不一会儿彩云飘到西塞山中,瞬时不见踪影。阿贤也没有在意,因为西塞山周围风光无限,时有祥云萦绕其间,人们都见怪不怪了。

他走到半山坡的树林中,正准备砍柴时,忽然听到一阵爽朗的笑声。他抬头望去,看到不远处的巨石上,有两位白发银髯的老者,盘腿相对而坐,一边谈笑风生,一边对弈。阿贤是个棋迷,看到有人在对弈,心里痒痒的,就放下柴刀轻轻地走过去,站在旁边一声不响地看两位老者下棋。两人也不与阿贤说话,只顾对弈。

不知过了多长时间,其中一位老者递给阿贤两颗枣子。阿贤也不客气,接过就吃,仍然站在旁边默默地观棋。又过了一会儿,另一位老者对阿贤说,时间不早了,赶快去砍了柴回家吧,免得家人盼望。阿贤这才想起砍柴,他抬头看看天色,已近傍晚了。他慌忙告别两位老者,回到树林中去砍柴,可砍刀已经锈迹斑斑,扁担已经霉烂了,绳子也烂成一段一段的了。他回头再看,两位老者已经无影无踪了。阿贤心里一惊,赶快跑下山去。当他回到村里,发现眼前的一切都变得十分陌生,他好不容易才通过家门口那只碾米的石臼找到自己的家,出门迎接他的却是过了几代的他的后裔了。这正应了那句老话:"山中方一日,世上已千年。"

如今,道士矶这块神秘的棋盘石还静静地矗立在仙人峰上,正等着你前去研究呢!

384

过去农村人大都养猪,但是要说到把互联网这种新兴产业和养猪搭上边就不得不提起丁磊。作为网易创始人的这位老兄选择的"IT养猪"地就在湖州,不就是看上湖州山青水绿环境好吗?因为名人效应,丁磊在湖州养猪的事情一下子成了互联网的热搜事件。

385

看电影正在成为湖州百姓过年的习俗之一。湖州地区 30 家影院

2019 年大年初一的总票房达到 699.6 万元，其中市区 10 家影院服务 49554 人次，票房达到 286.9 万元，足见湖州人是有多热爱看电影了。湖州人不仅爱看电影，很多湖州人还走上银幕，成了全国知名的电影明星，比如周星驰电影《美人鱼》的主演林允，就是湖州人。

386

在老湖州看来，原来在大街上见到最多的就是电线杆上、树干上的各种牛皮癣式的小广告了，什么"老中医专治各类顽疾"啦，什么房产中介啦，什么开锁服务啦，总之多了去了。最近这几年，这种小广告几乎销声匿迹，小区楼道里也越来越干净了。

387

历史上，湖州织里的织造业就相当发达，史料中有"遍闻机杼声"的记载，"织里"也因此而得名。清代以后，因手工业的发达、商业的繁荣，以及水上交通的便利，织里逐渐形成集镇。

从 20 世纪 80 年代开始，织里镇上就汇集了来自五湖四海的"弄潮儿"。"时装看巴黎，童装看织里"的口号这几十年来已经在全国打响了，不论你在哪里买童装，只要你翻开标牌，基本都会看到产地是织里。现在，织里镇拥有中国织里国际童装城和中国织里童装城两大童装市场，已成为全国最大的童装生产和销售地。

"时装看巴黎,童装看织里"

388

织里人在湖州就像温州人在浙江一样,是特殊的存在。20 世纪
70 年代末,织里镇上只有一条老街、一个村子,因为人口膨胀、耕地短
缺,是杭嘉湖平原出了名的穷乡僻壤。穷则思变,那时候的一些织里
人开始生产床罩、枕套等织品,晚上纺织,白天就拿出去卖,如此一发
而不可收,开启了织里现代织造业发展的新篇章。

389

织里作为全国知名的童装之都起源于原轧村中学的教师吴小章,

他是"吃螃蟹"的人。他回忆说当年他和妻子晚上一起缝制绣花枕套，白天偷偷去十里八村兜售，发现这样能赚钱，于是一传十、十传百，成了众人皆知的秘密。只要是能赚钱的生意就是好生意，毕竟脱贫致富是当时人人梦寐以求的事情。织里产的枕套大受欢迎后，他们没有故步自封，而是想出了用边角料做儿童肚兜的生意，初衷是不要浪费材料，没想到儿童肚兜受到顾客的欢迎，一下子成了"爆款"，每次都能售卖一空。

20世纪80年代后期，绣花市场出现后，床套、枕套渐渐没了销路，织里人就把力气全部花在制作儿童肚兜上了，毕竟儿童肚兜的销售依旧火爆。

无心插柳的肚兜是织里进军童装产业的"第一枪"，日后的中国童装之都显示出雏形。

390

在织里镇的大街上，你只要某一天看到一辆新款豪车，不出一个星期，马上就会看到好几辆一模一样的，而且大多和第一辆豪车停在同一个弄堂里。

391

织里取路名一般一个方向的会用同一个字。比如利济路、利达路、利强路、利安路，或者富兴路、富强路、富达路……按规律还是很好记的。但有几个非常普通的路名，组合在一起，却让我很崩溃，比如江南路、南海路、南湖路、东湖路、南湖东路、江南东路、南湖西路、南海东路等，这几条路名字很像却不在一块儿，总是让我搞不清哪是哪。

392

书法家各地都有，但是拿着等人高的巨型毛笔写字的书法家非常少见。湖州人慎召民就是这样一位巨笔书法家，是一位因湖笔而出名，又为湖笔而忙碌的榜书艺术家。改革开放初期，个体经营的商店如雨后春笋一般涌现，找他写店招的人很多。20世纪90年代末，上海电影制片厂到湖州拍摄纪录片《湖笔情怀》，导演请慎召民书写了50平方米的两个大字"吴越"。数十年间，慎召民为全国各地书写招牌、匾额、名号、标识等数千例。他在2010上海世博会、联合国总部成立70周年等国内外大型活动中现场挥毫，最大单字超过300平方米，以强烈的视觉冲击力、震撼力和表现力，向中外观众展示了中华书法的"高大上"。南海、旅顺口等地都留下了他巨笔书法的风采，他还应邀为我国的航空母舰"辽宁号"题字。

393

湖州是很多人喜欢来投资经商的地方。台州人、温州人喜欢来湖州办企业，上海人喜欢到太湖旁边买房子，来湖州的东北人也很多。

394

老一辈的湖州领导开会时都喜欢讲方言,说方言听起来亲切,而且容易沟通。的确,讲方言能拉近彼此的距离,有时甚至可以起到事半功倍的效果。但是随着外地来湖州上班的人越来越多,领导们也逐渐改变了这样的习惯,开会都用普通话了。

395

湖州人很喜欢大摆宴席,什么催生酒、满月酒、周岁酒、上学酒、16岁成人酒、结婚酒、36岁酒、搬家酒、买车酒,花样百出。虽然有些人觉得不堪重负,但是更多的湖州人喜欢并且适应着这些传统,把这些酒宴当成与亲朋好友相聚的机会。

396

上海人、杭州人喜欢边喝咖啡边聊天,慢慢消磨一天的时光,而台州人、温州人则喜欢边喝咖啡边吹牛皮、打"红五星"(一种扑克游戏)、谈生意。湖州人不一样,湖州人喜欢边喝咖啡边看书。

397

都说湖州人多才多艺,其实在孩子小的时候,湖州人就开始培养他们的艺术细胞了。因为离省城杭州近,近水楼台先得月,不少湖州家长会把孩子往杭州的好学校送，当然送之前，会让孩子抓紧补补才艺，什么吹拉弹唱、画画、舞蹈、书法，真真是不想让孩子输在起跑线上。

398

原本湖州有不少算命先生。相亲、买车、买房，老一辈的湖州人都会找个"大师"算上一卦，挑挑日子，看看风水气运。现在随着时间的推移，农村的文化礼堂多起来了，社区的图书室也多起来了，而算命的人大大减少了。老一辈的湖州人要么在文化礼堂里看戏，要么在图书室里看书，想选个好日子，就让小辈的去网上搜搜，看看哪天天气好，哪天就是好日子。

399

在湖州，相亲市场的主力还是当公务员、医生、老师等的人。长辈们都喜欢这样稳定又叫得响的职业。虽然公务员的收入并不算高，但是当地团委组织的几场大的相亲会上，只要是资料上写着公务员、医生、教师的，下面的爱心贴往往多得不得了。可见这么多年过去了，大家的择偶观还是一如既往的"专一"。

400

湖州有个"大水缸"——老虎潭水库，这个日供水量达到 20 万吨的大家伙,是湖州的宝。它不但解决了湖州市中心城区的供水问题,而且为发展区域旅游、改善人居环境创造了良好条件。它发挥了巨大的社会、经济和环境效益。

401

湖州是内陆城市,不与海洋接壤,所以湖州人要看海就得去宁波、舟山等地,也有很多人终其一生都没有去过海边看过海。湖州人也很有野心,虽然周围没有海,却有座海洋馆。长兴建成了南太湖海洋公园,让没法看海的湖州人也能看一看海洋生物。

402

湖州人自己给自己评奖,老百姓自己奖自己,真正把有能力、有德行的人推到了前台,在浙江省都产生了影响。德清民间设立奖项时间已有 20 年,有 54 个由普通百姓自己创设、自己评选、自己发奖的"草根道德奖",获奖群众累计已超 6000 人。

403

"慈母手中线,游子身上衣。"小朋友们学古诗时,大都会学到这首感恩母亲的诗。诗人孟郊的这首诗带火了他的故乡——湖州德清,每年 4 月,这里都会举办中华游子文化节。毕竟大家在外打拼都不容易,游子文化很能引起人们的共鸣。

404

安吉浓郁的乡土风情孕育了璀璨的民间艺术,比如花灯等民间踩街活动形式多样,广为流传;竹雕、竹刻、竹编等工艺技术精湛,巧夺天工;戏曲、书画艺术流派纷呈,异彩四射。2000年,安吉荣获"中国民间艺术(书画)之乡"称号。继承吴昌硕大师遗风的民间书画,因良好的生态环境孕育而生的风光摄影,以日常竹制生活工具为演奏乐器、民间艺人自编自演的打击乐《竹乐》,等等,都是蜚声海内外的安吉民间艺术精粹。

405

知乎上有这样一个问题,问的是你听过最好听的一个地名是什么。很多人说不出来,湖州人一看就能回答出:安吉。为啥呢?安吉就是平安吉祥的意思,多好。

406

南宋的时候,建康(今江苏南京)通往都城临安(今浙江杭州)的要道途经湖州安吉一地,所以安吉在这里设立了驿站,专门为公务人员提供传递信息、休息和换马的场所。大路上设马递铺,慢慢就形成了递铺这个地名。

407

安吉灵峰街道的名字源于灵峰村,而灵峰村的名字则源于坐落其中的灵峰寺。灵峰寺曾名灵峰院、百福院,后与杭州灵隐寺呼应,更名为灵峰寺。灵峰寺历代高僧辈出:五代有义嶙禅师,宋代有仲贤禅师,元代有东拙禅师,明代四大高僧之一的蕅益大师在这里做过住持。最厉害的是明代出了位智旭禅师,他著有《灵峰宗论》等著作 47 种 191 卷,创立了净土宗灵峰派,被净土宗奉为第九祖。灵峰寺真可算得上是寺庙界的北大、清华了。

408

安吉孝丰也有许多故事。俗话说百善孝为先,“孝丰”这一地名的来历与当地多出孝子有关。五代的“水口孝子为母建木桥”、宋代的“南乡严云千里寻父归”等一个个关于孝的故事与传说,使得孝丰成为安吉境内孝文化的代表。

409

安吉有个栖息在云端的村庄——九亩田,820 米的海拔,让它成了浙北地区海拔最高的行政村。有爱清净的人,退休后去村子里租了间老屋,500 块一年,一住就是十几年。

410

"鲜"一直是安吉人执着追求的味觉体验。每年冬至到春节前的这段时间,是吃冬笋的时候。芹菜肉丝炒冬笋、咸肉炒冬笋都是此时安吉人的家常菜。

411

安吉的井空里大峡谷,是一个户外运动爱好者的天堂。这个峡谷特别险峻,而往往越是险峻的地方,越能看到美景,所以这里也被称为"江南的红旗渠"。

412

湖州人的女儿出嫁后,生小孩之前的一个月,女方家里特别忙,因为要"端汤"。所谓"端汤",不是真的给女儿送汤,而是要给女儿准备衣物和营养品,给未出生的孩子准备衣服、尿布等等。

413

在湖州工作的外乡人,如果有天本地人突然送你"面票",千万不要诧异,因为湖州就有这样的习俗。婴儿出生 3 天,是要吃"三朝面"的。现在把大家伙聚起来吃不方便,就会给亲朋好友以及同事发点"面票",让大家自行去吃。

414

湖州人喜欢喝自己酿的桑葚酒、杨梅酒。湖州南浔城郊的辑里村,保留着千百年来酿酒的工艺,很多人依照过去流传下来的方法酿制果酒。

415

张志和写湖州的词里有这么一句"西塞山前白鹭飞,桃花流水鳜鱼肥",这里的鳜鱼没有小刺,只有大刺,所以连不会吃鱼的人都能吃,特别是学龄前的孩子。在孩子上学前,湖州的父母都要给他们做上一条鳜鱼吃吃。因为在湖州话里,鳜鱼被叫作"花鲫鱼","鲫"与"记"同音,父母为孩子做鳜鱼,是希望孩子的记忆力能好一点。

416

"绿水青山就是金山银山"的表述恰到好处地诠释了湖州的优势和发展目标,目前湖州的森林覆盖率达到了 51%,真真正正是长三角地区的天然氧吧。许多上海人、杭州人看重湖州得天独厚的优美环境,周末会特意驱车来到湖州吸吸氧、散散心。

"绿水青山就是金山银山"

417

　　光自己"绿"还不够,作为"中国制造2025"的试点示范城市,湖州正在把"绿水青山"转变为可利用的"金山银山",探索"绿色生产"的高级阶段,打造可推广、可复制的绿色制造"湖州模板"。

418

　　湖州的乡村里有许多这样的地方:阡陌交通,鸡犬相闻,散发着一种恬静的气质,显得自然原始。在这里住下,可以枕着鸟鸣蛙声入睡。
　　比如湖州市中心往西12千米的吴兴区妙西镇肇村原乡小镇就是这样的地方。小镇兼具大农场和小农庄的特质,集自然科学研究、生态科普体验、原乡风情休闲、森林禅修养生等功能于一体。来这住一晚，能真正体会到"身在都市，梦回原乡"的感觉。

419

有人说浙江的地图轮廓像个象头，也有人说像两头大象并排。其实湖州的地图轮廓更"霸气"，乍一看，像条张开大口的鲸鱼。

420

龙王山的主峰高 1587.4 米，是湖州的最高峰，也是浙北第一高峰。

421

湖州作为水乡，治水、用水的方法可多了。古代湖州的水利工程——溇港圩田系统是可以和四川都江堰、关中郑国渠媲美的存在。通过溇港圩田系统，古代的湖州人民将涂泥变为沃土，同时利用太湖这个大的"调节器"，调节湖州的水情，以规避旱涝灾害。

422

湖州有一种庙宇，其他地方没有，叫作"总管堂"。这个名字的背后有个感人的故事。

据说南宋的时候，有个押粮官路过湖州，因为看到这里受灾，老百姓吃不上饭，就私下把军粮分给了老百姓。私分军粮在古代可是杀头的大罪,押粮官也不含糊,分了军粮后就自杀谢罪了。

当时的皇帝听到这消息后,非常震惊,要是以后每个押粮官看到老百姓遇到饥荒就把军粮给分了,那他的军队还怎么打仗呢?不过他转念一想,水能载舟,亦能覆舟,在金兵南下虎视眈眈的情况下,老百姓还是要考虑到的。于是皇帝非但没有降罪于押粮官的家人,还下旨给他在湖州建造庙宇进行供奉。

因为押粮官也叫总管,所以湖州给押粮官造的庙叫"总管堂"。每逢初一、十五和每年的七月初六,都有庙会及社戏。总管堂供奉的押粮官作为湖州特有的神灵,很受当地老百姓的崇拜和拥戴。

423

湖州市花是百合花。全球已发现的百合花至少有 110 种,其中 55 种产于中国。百合花外表高雅纯洁,素有"云上仙子"之称。百合的种头由鳞片抱合而成,中国自古取其"百年好合""百事合意"之意,视之为婚礼必不可少的吉祥花卉。路过湖州你会发现,与其他地方相比,这里百合的销路可比玫瑰好多了。

424

湖州市树是银杏树。银杏树作为全球最古老的树种之一,具有和湖州人一样悠然自得的古风气质。近来汉服在年轻人中逐渐兴起,走在路上,时不时就能看到穿着汉服的小哥哥小姐姐,但是湖州人这种"行走的银杏树"般的古风气质,却是一般人学不来的。